소련의 건강 보장

북펀딩에 참여해 주신 분들께 감사드립니다.

강지연 김경미 김미정 김신애 김원철 김정은 김주연 김창훈 문미라 박경아 박지은
박찬호 백재중 성창기 송혜숙 신상수 신영전 심재식 안정선 원진호 유기훈 이기림
이민정 이준수 이지혜 전진용 정선화 조계성 조선희 조혜영 채윤태 최호영 홍수연

소련의 건강 보장

초판 1쇄 발행 2017년 11월 10일

지은이 세마쉬코 옮긴이 신영전 신나희

펴낸이 백재중 만든이 조원경 꾸민이 박재원 펴낸곳 건강미디어협동조합

등록 2014년 3월 7일 제2014-23호 주소 서울시 광진구 동일로 18길 118

전화 010-4749-4511 팩스 02-6974-1026 전자우편 healthmediacoop@gmail.com

값 12,000원 ISBN 979-11-87387-06-0

이 책은 런던의 빅토르 골란쯔 주식회사(Victor Gollancz LTD, 14 Henrietta Street Covent Garden)
가 1934년 발간한 The New Soviet Library 시리즈 중 2권 『Health Protection in the U.S.S.R.』을 번역
한 것이다.

소련의 건강 보장

N.A. 세마쉬코 지음 | 신영전·신나희 옮김

러시아 혁명
100주년 기념판

소련 보건의료 1

HEALTH

PROTEC

U.S.S.R.

건강
미디어
협동조합

옮긴이

── 신영전 申榮全 ────────────────

의학과 보건학을 전공하고 현재 한양의대 예방의학교실 교수, 건강과사회연구소 소장을 맡고 있다. '건강', '취약 집단', '정치학'이라는 키워드를 가지고 건강정치학을 공부하고 있으나 최근 '건강'을 재정의할 필요성을 느껴 '온존'이라는 개념을 갈고 닦는 중이다. 역사에도 일부 관심이 있으나 스스로를 역사학자라기보다는 '계보학도'라 불리고 싶어 한다. '역사 과학' 더 나아가 '온역사one history'에 관심이 있다. 건강, 질병, 건강정책 역사를 남한에 국한하지 않고 북한, 일본, 만주 지역 등으로 점차 확대해 가며 공부하고 있는데 이번 소련 보건의료 관련 번역도 이러한 과정의 산물이다.

── 신나희 愼那喜 ────────────────

보건학 석사 학위를 마치고 서너 해 서울시의 건강정책과 관련한 연구 및 사업을 해왔다. 2017년 현재 독일에서 정치학을 공부하고 있다. 사람들로 이루어진 공동체가 운영되는 방식으로서 정치와 그 속에서 결정되는 건강 수준에 대해 관심이 있다.

지은이

니콜라이 알렉산드로비치 세마쉬코
(Nikolai Aleksandrovich Semashko, Никола́й
Алекса́ндрович Сема́шко)(September 20 [O.S.
September 8] 1874~May 18, 1949)

소련의 의사, 정치가이다. 레닌과 함께 러시아 혁명에
참여했고, 10월 혁명 직후에는 모스크바 시위원회 보
건부장이 되었다가 1918년부터 1930년까지 소련 보
건인민위원회 초대 위원장을 역임했다. 이른바 '세마
쉬코 모형'으로 알려진 소련 보건의료 체계 모형을
설계, 운영하였다.

왜 소련인가?

이 책을 번역하기로 했다고 이야기했을 때 사람들의 제일 처음 반응은 "지구상에서 오래 전에 사라진 소련의 책을 왜 번역하느냐?"는 것이었다. 그 질문에 대한 나의 대답은 이렇다.

"알고 보니 현재의 나와 우리 몸 속에 너무 많은 '소련'이 들어 있었다. 그것은 소련을 알든 모르든, 또한 소련을 좋아하든 싫어하든 상관 없었다. 그러므로, 소련을 모르고서는 나, 우리의 역사 그리고 현재를 이해할 수가 없었다. 더욱이 소련에 대해 공부하면서, 우리가 러시아/소련으로 인해 입은 피해도 있었지만, 도움을 받은 것도 있다는 사실을 알게 되었다."

구한말 무능하고 부패한 정부와 탐욕스런 제국의 압박 속에서 러시아 혁명의 성공 소식은 우리 민초들에게는 암흑 속의 한 줄기 빛이요, 신선한 공기였다. 식민지배의 치욕 속에서 3·1만세 운동으로 그나마 자존심을 지킬 수 있었던 것도 러시아 혁명의 기운 덕이었다. 총동원 전시 체계의 혹독한 탄압 속 만주와 연해주를 떠돌면서도 조국 독립의 희망을 버리지 않을 수 있었던 것도, 식민지배 하에서도 노동조합을 만들고 파업을 하며 총독부와 싸울 수 있었던 것도, 약육강식의 제국주의, 자본주의, 서구적 근대화를 넘는 꿈을 꿀 수 있었던 것도 자유, 평등, 형제애의 실현이란 프랑스 혁명의 정신을 궁극까지 밀고 가서 이를 완성하고자 했던 10월 혁명에 빚진 것임을 알게 되었다. 물론 이 모든 것이 러시아 혁명으로만 설명될 수는 있는 것은 아니다. 그러나 분명한 것은 러시아와 그것을 만들어간 역사가 절대적인 영향을 미쳤다는 것이다.

그럼에도 불구하고 이 작업의 목적은 러시아와 소련의 역사를 무조건 긍정하고자 함이 아니다. 소련은 수많은 과오를 저질렀다. 특히 스탈린 체제 하에서 이루어졌던 대규모 숙청과 부패한 관료주의의 폐해와 수많은 비인권적 행태는 비록 그것에 대한 여러 가지 다른 설명이 존재한다고 해도 그 비극의 크기가 너무 크다. 더욱이 우리나라에게 있어 소련은 분단과 분단으로 인한 고통의 중요한 원인 제공자 중 하나이다.

왜 소련의 보건의료, 세마쉬코인가?

보건의료만큼 한 나라의 정치 관계를 잘 보여주는 부문도 없다. 더욱이 소련의 보건의료 체계는 단지 한 나라의 보건의료 체계가 아니다. 소련은 최초의 공산주의 국가였으며, 그 이름이 의미하듯 러시아 소비에트 연방 사회주의 공화국, 자캅카스 소비에트 연방 사회주의 공화국, 우크라이나 소비에트 사회주의 공화국, 벨로루시 소비에트 사회주의 공화국이 통합되어 만들어진 국가 연합이다. 또한, 여러 중앙 유럽 국가들뿐만 아니라 중국, 쿠바 등 아시아와 라틴 아메리카, 아프리카 등 많은 나라들, 적게 잡아도 당시 전체 세계 인구의 20% 가까이에 해당하는 국가가 강력한 소련의 영향력 아래 있었다. 당연히 한반도도 예외가 아니었다.

러시아 혁명 직후 볼세비키는 다음과 같은 국가 보건의료 체계 구축의 6대 원칙을 천명하였다. 첫째 포괄적인 양질의 의료 서비스comprehensive qualified medical care, 둘째 모든 인민이 이용 가능한 의료 서비스availability to everyone in the population, 셋째 국가에 의해 제공되는 단일, 통합된 서비스a single, unified service provided by the state, 넷째 무상 의료 서비스a free service, 다섯째 건강한 국민을 만들어 내기 위한 예방의 집중extensive preventive care, with the aim of creating a healthy population, 여섯째 건강 서비스에 있어서 전체 노동자의 참여full worker's participation in the health service. 이러한 국가 보건의료 구축 원칙과 정책들은 양봉근 등 일제 강점기 아래 조선의 보건운동가들에 의해[1], 또한 해방 직후 한반도에 어떤 보건의료 체계를 구축할 것인가에 대한 논쟁과정에서 최응석 등과 같은 이들에 의해[2] 소개되고 또한 추구되었다. 더욱이 해방 직후 사실상의 소군정 하에 놓였던 북한은 보건의료 체계를 비롯한 정치, 경제, 사회, 문화 등 거의 모든 영역에 이른바 소련식이 관철되었다.

---

1. 자세한 내용은 "신영전, & 윤효정. (2005). 「보건운동가로서 춘곡 양봉근 (春谷 楊奉根, 1897~1982) 의 생애」. 『의사학』. 14(1), 1~31.}를 참고할 것.
2. 자세한 내용은 "신영전, & 김진혁. (2014). 「최응석의 생애」. 『의사학』, 23(3), 469~511."을 참고할 것.

소위 소련식 보건의료 체계는 한반도에만 영향을 준 것이 아니었다. 앞서 언급한 소비에트 연방 국가뿐 아니라 전세계 사회주의권 국가들은 이른바 '소련식 보건의료'를 그 모델로 삼았다. 초기 소련식 보건의료 체계가 이룬 성과는 인류 역사상 유래가 없는 것이었기에 어쩌면 당연한 일이었을 것이다.

냉전시대 소련과 정치적으로 대립했던 소위 자본주의 진영도 역시 소련의 개혁적 사회정책에서 영향을 받았다. 이것은 당시 해리 에머슨 포스딕Harry Emersion Fisduck 목사의 발언에서 잘 드러난다.[3]

"…미국이 공산주의의 도래를 막을 수 있는 방법은 사회 개혁을 추진함에 있어서 그들과 같은 노력을 보여주는 것뿐이다. …소련의 공산주의자들은 실제로 기꺼이 희생하려고 하며 단호한 열정을 가지고 스스로 불태우는 중이다. 어떤 희생을 치르고서라도, 심지어 무자비한 박해의 희생을 치르더라도 더욱 나은 사회를 만들어 줄 것으로 기대되는 제도를 구축하려 할 것이며, 우리가 그들과 궁극적으로 경쟁할 수 있는 유일한 방법은 적어도 동등한 열정을 사회 개혁에 투자하는 것이다. … 중략 …만약 우리 미국의 기독교 신자들보다 러시아의 무신론자들이 더 나은 사회 질서를 구축하기 위해 더 노력을 기울이게 되면 어떡할 것인가? 그것은 우리들 간의 경쟁이 야기하는 도덕적 난점moral crux이다."

---

3. Newsholme, A., & Kingsbury, J.A. (1933). *Red medicine: socialized health in Soviet Russia*: Doubleday, Doran.

다시 말해, 자본주의 국가들도 사회주의권의 리더인 소련과 누가 더 국민들의 복리를 증진시킬지에 대해 경쟁하면서, 국민의 복리를 위한 다양한 모색을 시도할 수밖에 없었고 이 과정에서 소련의 방식 역시 참고할 수밖에 없었다는 이야기다. 이는 보건복지 영역도 예외가 될 수 없다. 이렇게 직·간접적으로 전 세계에 강력한 영향력을 끼친 '소련식 보건의료 체계'는 누가 설계했을까? 이 질문의 답에서 빼 놓을 수 없는 이가 바로 니콜라이 알레산드로비치 세마쉬코 Nikolai Aleksandrovich Semashko, Никола́й Алекса́ндрович Сема́шко September 20 [O.S. September 8] 1874~May 18, 1949이다.

그는 의사였고, 정치운동가였으며, 무엇보다 1906년(32세) 스위스 제네바로 이주하여 레닌Vladimir Lenin을 만난 이후 줄곧 그와 함께한 혁명 동지였다. 1917년 러시아 혁명의 현장에도 그와 함께 있었다. 혁명 직후에는 모스크바 시 위원회 보건부장이 되었고, 1918년부터 1930년까지 무려 12년 동안 소련 보건인민위원회 위원장을 역임했다. 그는 레닌의 수술을 진두 지휘하기도 했다. 75세에 죽기까지 그가 가졌던 직위만 나열해도 조금 과장해서 책 한 권을 쓸 정도이다. [4] 이러한 그의 정치적 위상을 볼 때 '소련식 보건의료 체계'를 '세마쉬코 모델'이라 부르는 것은 일견 당연해 보인다.

이 책은 그 세마쉬코가 소련의 보건의료 체계 구축의 원칙과 구상을 직접 설명한 책이다. 또한 그러한 기획이 실제도 어떻게 소련

---

4. 그가 가졌던 주요 직책들을 다음과 같다. (1) 28년간 모스크바 국립대학 의학부에서 사회위생부 교수, (2) 어린이 삶 향상위원회(the Detkomissiya) 위원장, (3) 소련 학교건강기구(the Institute for School Health of the RSFSR) 위원장, (4) 의학아카데미 건강과 의학사 위원회 위원장, (5) 모스크바 중앙의학도서관, 과학한림원의 창립자, (6) 『의학 대백과사전Large Medical Encyclopedia』 주필, (7) 체육교육 및 스포츠 위원회 의장, (8) 연방위생학회의장, (9) 10대, 12대, 16대 당대회 대의원.

에서 실현되고 있는지를 설명한다. 이른바 '저자 직강'인 셈이다. 1934년 영국의 빅토르 골란쯔 주식회사Victor Gllancz LTD에 의해 기획된 'The New Soviet Library' 시리즈 중 하나인 이 책의 출간 의도는 16쪽 '출판사의 말'에 잘 제시되어 있다.

"우리는 유능한 소비에트 공무원들에게 경제, 정치, 민족national, 사회, 예술 분야의 소비에트 체계와 방법을 기술하고 설명할 수 있는 책 시리즈를 준비할 것을 요청했다. 우리는 '기술'과 '설명'이라는 단어를 강조했는데, 이는 단순히 우리에게 말해 달라는 것이 아니었다. 우리는 '어떻게' 노동이 조직되고, '어떻게' 민족의 문제가 다루어지고, '어떻게' 집단 농장이 작동하고, '어떻게' 상품이 분배되며, '어떻게' 재판이 이루어지는지 등등에 대해 기술하고 설명해 줄 것을 요구했다."

그러나 이쯤에서 의문이 생긴다. 소련식 보건의료 체계를 기획한 이가 스스로 말하는 주장이 사실일까? 그 기획들은 그의 주장대로 실현이 되었을까? 그래서 또 한 권의 책을 함께 번역했다. 영국 출신 공중 보건 학자인 아서 뉴스홈과 미국 출신 공중 보건 활동가인 존 아담 킹스베리가 1932년 소련을 방문한 후 소련의 사회상과 보건의료 체계를 분석, 소개한 보고서인 『붉은 의료(1933)』이다.[5] 이 책은 소련 곳곳을 직접 방문하여 세마쉬코의 구상이 실제 어떻게 구현되고 있는지 꼼꼼히 살핀 내용을 적고 있다. 그렇기에 이 두 책은

---

5. Newsholme, A., & Kingsbury, J.A. (1933). *Red medicine: socialized health in Soviet Russia*: Doubleday, Doran.

각자가 가진 한계를 서로 보완하고, 또한 각자가 가진 장점들을 더욱 빛나게 해 줄 것이다. 이 두 책을 함께 펴 놓고 읽기 시작한다면, 우리는 러시아 혁명 이후 그곳에서 이루어졌던 보건의료의 이상理想과 현실現實을 모두 보다 정확히 파악할 수 있을 것이다.

감사

옮긴이 서문을 마치기 전에 꼭 해야 할 일이 있다. 이 책이 빛을 볼 수 있도록 해준 분들에 대한 고마움의 표시이다. 무엇보다 인세도 받지 못하면서 바쁜 시간을 내어 준 이 책의 공역자 신나희님과 『붉은 의료』의 공역자 이미라님께 고마움을 전한다. 더딘 내 작업 속도 때문에 많이 답답했을 텐데 그래도 잘 참아주었다. 또한, 건강미디어협동조합이 없었다면 이 책은 세상에 나오지 못했을 것이다. 이 책의 번역 의사를 밝혔을 때 다른 출판사 관계자들이 보였던 반응을 생각하면 더욱 그렇다. 특별히 백재중님과 이 책의 제작을 진행해 주신 분들께 고마운 마음을 전한다. 또한 이 책의 발간 펀딩에 참여해 주신 분들께도 마음 속 깊이에서 우러나오는 고마움을 전한다.

마침 올해가 러시아 혁명 100주년이다. 러시아 혁명이 가지는 여러 가지 의의는 앞서 조금 이야기했지만, 러시아 혁명이 가지는 가장 큰 인류사적 의의는 이른바 민중의 성공한 혁명이면서, 반혁명에 침몰하지 않은 역사상 거의 유일한 혁명이었다는 것이다. 그 붉은 10월에 이 책이 발간될 수 있어 더욱 기쁘다.

아파도 돈 때문에 치료받지 못하는 사람이 없는 세상을 만들려고 헌신했던, 그리고 이 시간에도 땀 흘리고 있는 모든 이들에게 이 번역서를 바친다.

러시아 혁명 100주년을 맞는 2017년 10월
역자를 대표하여 심정풍헌(沈靜風軒)에서 신영전

차례

출판사의 말

　최근 소비에트 러시아에 관한 많은 책들이 쏟아져 나왔다. 하지만 대부분이 방문자나 거주자들의 감상을 전하는 것에 그쳤다. 정말 정교하고 분명한 정보는 그렇게 많지 않다.

　따라서 우리는 유능한 소비에트 공무원들에게 경제, 정치, 민족 national, 사회, 예술 분야의 소비에트 체계와 방법을 기술하고 설명할 수 있는 책 시리즈를 준비할 것을 요청했다. 우리는 '기술'과 '설명'이라는 단어를 강조했는데, 이는 단순히 우리에게 말해 달라는 것이 아니었다. 우리는, 노동이 '어떻게' 조직되고, 민족의 문제가 '어떻게' 다루어지고, 집단 농장이 '어떻게' 작동하고, 상품이 '어떻게' 분배되며, 재판이 '어떻게' 이루어지는지 등에 대해 기술하고 설명해 줄 것을 요구했다.

V. G.

니콜라이 알렉산드로비치 세마쉬코N.A. Semashiko는 1874년에 태어났다. 아버지는 교사였다. 세마쉬코는 이른 나이에 혁명 운동에 참여했고 여러 번 체포되었는데, 특별히 노동자들의 선전을 위해 카자난드 시에서 사회민주주의 '서클'을 조직하기도 하였다. 또한 대학교와 산업 센터에서 학생들의 데모를 조직하였다는 이유로 쫓기기도 하였고 신문을 위장한 채 도시 근교에서 지내며 학교에 출석하고 시험을 치르기도 했다. 1907년 그는 외국으로 떠났다가 1911년 레닌과 함께 파리로 갔다.

1918년 2월 이후, 그는 러시아로 돌아온다. 1918년에는 노동자의 보건과 복지를 소비에트 정부가 다루어야 하는 특별히 중요한 문제라고 주장하고 독립적인 '보건인민위원회'를 만드는 데 기여했다. 이 조직은 공식적으로 1918년 6월 설립되었는데, 세마쉬코는 이 위원회의 초대 위원장에 취임하였다. 그는 이 자리를 12년 동안 지켰다.

혁명 후 초기에 세마쉬코는 국가의 모든 의학, 위생 업무를 건강보장을 위한 하나의 체계로 통합하고, 동시에 소비에트 의학의 기본 원칙들을 수립하는 데 가장 핵심적인 역할을 수행하였다. 1921년 세마쉬코는 모스크바 대학의 첫 번째 사회위생학 교수가 되었다. 그는 보건, 복지, 사회위생 영역에서 수많은 저작을 남겼다. 그리고 그는 『의학 대백과사전*Large Medical Encyclopedia*』의 대표 편집자이다.

차르 시대가 끝나고 새롭게 등장한 소비에트 권력은 심각한 위생 문제를 유산으로 물려받아야만 했다. 도시와 농촌의 대규모 노동자들이 처했던 극단적으로 열악한 물질적 상황, 모든 대중 활동을 억눌렀던 경찰의 탄압, 노동자와 농민들에 대한 무자비한 착취, 대중의 낮은 문화 수준과 위생 관념 등 당시의 모든 상황은 인구 집단 사이에 감염병이 창궐하기 좋은 토양을 제공하고 있었다. 반면 당시 보건의료 조직은 감염병에 맞서 싸우기에는 절대적으로 역부족이었다. 1913년 약 8천만 명의 농촌 인구가 살고 있는 34개 지방 provinces에는 겨우 2,790개의 의료 시설이 존재할 뿐이었다. 또한 의료 서비스는 11개의 행정 조직[1]에서 각기 분산적으로 이루어지고 있었다. 질적인 면에서도 미흡하고 원시적인 수준에 머물러 있던 의료 서비스는 규모 면에서도 형편 없었다. 오늘날 키르기스Kirghizia, 추바시아Chuvashia, 우즈베키스탄Uzbekistan 자치 공화국을 이루고 있는 드넓은 영토에서 의료적 지원은 거의 없었고 오히려 주술과 미신의 영역에 대한 믿음이 팽배해 있었다. 이 모든 상황은 질병, 특히 감염성 질환의 확산에 최적의 환경을 제공하여 매년 수백만 명의 목숨을 앗아가고 있었다.

앞에서 언급했듯 의료 체계가 부실하고 질병 발생 보고 체계는

---

1. 전쟁 부서Department of War, 통신 수단Means of Communication, 왕실 관리처Crown Domains, 교육Education, 농업Agriculture, 젬스트보스Zemstvos, 지방Municipalities 등.

매우 불완전했기에 차르 시대의 통계 자료를 살펴볼 때에는 주의가 필요하다. 자료가 현실을 충분히 반영하지 못한다는 것을 전제로 살펴봤을 때, 1914년 당시 러시아에는 약 22,843,988명의 감염성 질환자가 있다고 보고되었다. 이는 당시 전체 인구의 약 25%에 해당한다. 이를 좀 더 상세하게 살펴보면, 급성 감염에 해당하는 환자 11,843,088명, 발진티푸스 환자 7,277,577명, 결핵과 매독에 걸린 환자 2,831,955명이 여기에 포함된다. 다시 말해 전체 질병의 1/4가량은 당시의 열악한 경제 상황, 생활 환경과 직접 관련이 있었다.

발진티푸스와 장티푸스는 1912년까지 약 10년 동안 50만 명의 목숨을 앗아갔다. 그리고 백신과 같은 강력한 예방책이 있었음에도 불구하고 1910년까지 약 10년 동안 414,143건의 천연두 사례가 보고되었다. 또한 매년 페스트의 유행으로 1914년까지 약 10년 동안 3,500명의 사람들이 죽어갔다.(물론 이 수치는 당시의 질병 보고 기록이 불완전 했다는 사실을 감안해서 해석해야 한다.) 저급한 문화, 불결함과 무지에 의해 발생하는 발진의 경우, 1914년 한 해에만 약 550만 건의 사례가 보고되었다. 농민들의 경우 가까운 의료 시설이 보통 30마일 이상 떨어져 있었기 때문에 발진 같은 심하지 않은 질병으로 굳이 병원에 가지는 않았을 것이라는 당시 상황을 고려한다면 발진에 걸린 환자들의 수는 실제 이보다 더 많았을 것으로 보인다.

낮은 문화 수준이 원인이 되는 질병, 트라코마trachoma[2]는 특히 비러시아인 거주 지역에 만연해 있었다. 1914년 기준으로 러시아에서 896,318명의 트라코마 환자가 보고되었는데, 이는 만 명당 19.7

---

2. 클라미디아 트라코마티스Chlamydia trachomatis에 의해서 발생하는 눈의 만성 염증. 가난하고 위생 상태가 불결한 곳에 호발하며, 제대로 치료 받지 못할 경우 시각 장애의 원인이 됨.(역자 주)

명으로, 영국(7.8명), 스웨덴(6.6명), 벨기에(4.8명) 등과 비교하여, 전 세계에서 시각 장애인이 가장 많음을 의미하는 것이다.

차르 시대의 러시아에서 매독의 독특한 특징은 단순한 키스, 같은 그릇에 음식을 두고 나눠먹는 식사 문화, 육아 행위 등처럼 성적 접촉이 없이도 감염될 수 있었다는 것이다. 실제 매독은 전체 마을이나 지역에 영향을 미쳤다. 당시 많은 마을들이 '들창코'로 유명했는데, 이는 매독 말기 환자의 코 모양에서 비롯된 것으로 이는 당시 매독이 얼마나 많은 마을 사람들의 외모를 변형시켰는지 잘 보여준다. 성병 환자의 많은 수가 말기에 이르렀다는 것 또한 당시 만연했던 매독의 특징이다. 이는 환자들이 받았던 치료가 부적절했거나 아예 치료를 받지 못했음을 의미하는 것이다. 비교적 상황이 괜찮았을 것으로 예상되는 도시에서조차 말기 매독이 전체 매독의 35% 가량을 차지하고 있었으며 이 수치는 전국적으로 65%에 달했다.

어린이 위생 상태는 여전히 열악했다. 시기별 영아 사망률은 1,000명당 260명(1886~1901년), 253명(1902~6년), 244명(1907~11년)으로 끔찍한 수준이었다. 특히 감염은 어린이에게는 재앙이었다. 위에서 언급한 불완전한 질병 발생 보고 자료에 따르면 1914년 당시 1,902,479건의 질병 사례 중에는 디프테리아 환자 419,409명, 성홍열 환자 365,959명, 홍역 환자 391,232명, 백일해 환자 480,060명, 볼거리(유행성 이하선염) 환자 245,209명이 포함되어 있었다.

당시 인구 집단 내에서의 사망률이 이례적으로 높았던 것은 분명하다. 전쟁 이전 10년 동안 사망률은 1,000명 중 28.4~30명이었다.

그러나 전쟁이 발발하고 경제 불황으로 인해 사람들의 위생 상태가 더욱 심각해지면서 전반적인 상황은 좀 더 암울하게 변했다. 전쟁 난민, 포로, 귀향한 병사들과 같은 대규모 이주는 감염성 질환의 확산을 촉진했고 이주로 인해 허약해진 사람들은 감염에 취약할 수밖에 없었다. 전쟁 기간 중 러시아는 약 2천만 명이 죽거나 다친 것으로 추산되었고 전쟁으로 인한 끔찍한 손실은 결과적으로 나라 전체에 치명적인 타격을 입혔다. 한편 전쟁으로 인하여 형편없지만 그나마 존재했던 의료 서비스 체계는 사실상 와해되었다. 대부분의 의사들은 전쟁에 동원되었다. 전쟁에서 파괴되지 않은 병원들 역시 환자들에게 필요한 약과 음식, 연료의 부족으로 인해 비참한 상황을 피할 수 없었다. 몇몇 병원은 아예 문을 닫을 지경에 이르렀다.

쓸 만한 의료 관련 통계 자료가 남아 있지 않은 것은 새삼 다시 말할 필요도 없다. 분명한 것은 전쟁이 인구 집단의 건강은 물론 의료 조직까지도 약화시켰다는 것이다. 거의 완전한 와해 수준이었다.

이러한 상황에서 부실한 보건의료 서비스를 넘겨받은 소비에트 정권은 급진적 혁명을 통해 혼란 속에 있는 보건의료 분야의 질서를 회복할 필요가 있었다. 결국 소비에트 공화국은 공중 보건의료 체계의 기본이 되는 원칙과 조직, 실천적 측면들을 완전히 새롭게 재편해야 했다.

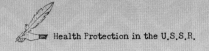
소비에트 의료의
기본 원칙과 구조

1917년 11월 혁명[1]에 의해 형성된 소련의 사회·경제적, 정치적 상황은 소비에트 의료 체계가 형성되는 기초가 되었다. 소비에트 국가 건립의 기반이 되었던 원칙들이 의료 서비스의 조직에도 반영되었다.

소비에트 보건의료 서비스 조직의 단일성

소련 인민을 대상으로 예방적, 의료적 지원을 수행하는 조직을 만드는 것이 국가의 가장 기본적인 의무로 여겨졌다. 혁명 이전과 다르게 의료의 분야는 민간 구호 단체나 민간 기업에 맡길 수 없었다. 도시와 시골에서 고통을 받고 있는 사람들에게 무상의, 접근

---

1. 당시 러시아는 율리우스력을 채택하고 있었으며, 현재의 태양력에 비해 13일이 늦었다. 따라서 양력으로 계산하면 11월이지만 '10월 혁명'이라는 표현이 고유 명사로 고착되었다. 이 책에서 '11월 혁명'과 '10월 혁명'은 같은 의미이다.(역자 주)

성이 향상된, 전문적인 의료 서비스를 제공해야 하는 과제는 전적으로 소비에트 국가의 중앙과 지방 정부에 맡겨졌다. 이를 위해 정부의 다른 인민위원회와 같은 지위와 권력을 가진 '보건인민위원회People's Commissariat of Health'가 1918년 6월 설립되었고 지방 보건부가 각 지방의 소비에트에 세워졌다. 이 기관들은 의료 서비스 제공, 감염병 퇴치, 식품, 주택, 공공 위생 시설(상수도, 세탁 등) 등의 위생 감독 업무를 담당한다. 뿐만 아니라 이들은 노동자와 농민의 건강, 어린이, 청소년과 모자 보건에 대한 책임을 맡고 있고, 보건 휴양소에 대한 통제, 의약품과 의료 재료에 대한 책임, 대중에 대한 위생 교육, 의료 인력에 대한 훈련 등 모든 것을 관할하고 있다.

중앙 보건인민위원회와 각 지방의 보건부가 하는 일들을 이와 같이 간단하게 열거하는 것만으로 우리는 사실상 소비에트 영토에서 보건의료 서비스가 완전하게 중앙 집중화해 있다는 것을 알 수 있다. 소비에트 이전에 몇 개 영역으로 나뉘어 있던 의료 조직들은 이제 단일한 계획과 규모의 경제에 따라 움직이는 단일 수행 조직으로 대체되었다. 이로 인해 소련 전역에 걸쳐 의료 서비스를 적절하게 조직하고 주요 공업 지대나 시골 중심부에 위치한 집단 · 국영 농장뿐만 아니라 중심부에서 멀리 떨어진 지역의 필요에 부응할 수 있도록 의료 인력을 배치하는 것이 가능해졌다. 이를 통해 소련의 모든 노동자들은 어디에 거주하느냐와 상관없이 예방과 치료 서비스 혜택을 받을 수 있게 되었다. 위에서 서술한 대로 지방의 보건부는 지역province, 도시town, 구역district의 소비에트에 속하는 한 부서였고 이들의 구조와 기능은 중앙의 인민위원회와 일치한다. 지방의 보건부들은 그들이 담당하고 있는 지역 내 전체 인구 집단의 의료에 대해 전적인 통제력을 가지고 있다. 보건의료 서비스에서 보이는 이러한 조직의 단일성은 소비에트 의료에서 두드러지는 첫 번째 특징이라고 할 수 있다.

보건의료 서비스에서 노동자와 농민의 활동

소련 보건의료 서비스의 또 다른 조직적 특징은 소비에트 체계의 본질과 맥락을 같이한다. 소련의 주권자로서 대표자들로 구성된 소비에트의 멤버들은 보건의료 서비스의 다양한 영역에 직접적으로 참여한다. 소비에트 법에 의하면 대표자들로 구성된 소비에트의 멤버들은 하나 이상의 소비에트 분과에 참여해야 한다. 그리고 이들은 자기 자신의 성향과 과거 훈련 경험에 근거하여 농업에 종사하거나 공교육 분야에서 일을 하거나 또는 보건의료 서비스 등의 분야에서 일을 한다. 따라서 보건부서는 소비에트 보건의료 분야에 속해 있는 사람들 간 협력에서 많은 도움을 얻을 수 있다. 이들 분야의 구성원들은 보건의료 서비스를 구축하는 데 가장 근본적인 대중적 힘인 셈이다. 이들은 처방을 내리는 것과 같은 순전히 의학적인 일에는 관여하지 않지만 치료나 예방 제도 아래서 이뤄지는 일들을 감독하는 권리와 의무를 가지고 있다. 그들의 감독 업무는 의료 제도의 단점 극복, 경제 관리의 개선, 의료 서비스가 필요한 노동자나 농민들에게 적절한 서비스가 제공되는지 확인함으로써 전체 의료 제도 운영의 효율성을 담보하는 데 목적이 있다. 보건의료 분야에 참여함으로써 그 분야의 구성원들[2]은 건강과 보건의료에 관심을 가지게 되

---

2. 도시의 소비에트에서는 대부분이 노동자였고, 시골의 소비에트에서는 대부분이 농민이었다.

며, 점차 건강한 삶을 지향한다는 선전자로 발전해 나간다. 조합에 속해 있는 수만의 노동자와 농민들은 건강한 노동자이자 건강한 삶에 대한 적극적인 선전자로서 보건의료 분야의 일원이기도 하다.

소비에트 구성원이 아닐지라도 건강에 관심이 많은 다른 노동자들도 보건의료 분야 활동에 참여할 수 있다. 그리고 보건의료 분야에 한번이라도 참여해 본 노동자와 농민들은 각자의 공장과 가정에 돌아가서 건강하고 위생적인 삶의 선전자가 된다. 또한 보건의료 분야 구성원들은 소비에트의 의료 서비스 탄생과 함께했던 슬로건 '노동자의 건강을 보호하는 것은 노동자 자신의 일이다.'를 실행하는 데 적극적으로 협력한다. 위생 상태 유지를 돕는 '보건 소조health nuclei'라고 불리는 조직이 모든 공장, 집단 농장, 국영 농장에 존재한다. 위생 감독 분야에서 의사들은 위생 감독원이라고 알려진 대규모 자원 봉사자들의 도움을 받는다. 그리고 위생 교육을 담당하는 집중 조직은 노동자와 농민들이 그들 스스로의 건강을 지킬 수 있는 환경을 만드는 데 도움을 준다.

소비에트 정권 아래서 위생 교육은 규모 면에서만 성장한 것이 아니라 현대 교육 기법의 모든 성과들을 활용하여 다양한 형태로 발전해 오고 있다. 위생 교육은 단순히 팸플릿을 수백만 장 찍어내는 것에 만족하지 않고 영화, 라디오, 특수 위생 교육 기관, 박물관 그리고 철로의 전시용 객차, 선전 연극을 이용한 위생 내용의 공연, 위생 선전 재판(주정뱅이 재판, 매춘 재판 등)들을 포함하는 전시 등도 적극 활용한다. 이밖에 보건의료 서비스의 다양한 영역에서 그 특정 분야에 관심이 있는 집단들의 도움을 받는다. 예를 들어 각종 여성 단체들은 모자보건 부문에서 협력하고 '사회주의청년동맹'과 '청년

선도대'는 어린이 보건의료 서비스 분야에서 서로 협력한다. 이를 통해 보았을 때 소비에트 의료의 두 번째 중요한 조직적 특징은 건강 보장에서 인민들의 자발적 참여라는 것을 알 수 있다.

소비에트 의료의 특징들은 이러한 조직들의 형태와 맥락을 같이 했고 예방적 조치들이 국가 전체 보건의료 서비스의 기본을 이루고 있다.

소비에트 의료 서비스의 예방적 경향

소련 공산당CPSU의 프로그램은 인민의 건강 보장과 관련된 법률에서 '소련 공산당은 인민 보건 정책의 기본을 질병 발생 예방을 목적으로 하는 종합적인 건강과 위생 조치에 둔다.'고 규정하고 있다. 소비에트 의료 서비스의 이러한 예방적 경향은 건강 보장을 위한 전체 보건의료 체계를 환자에 대한 의학적 치료와 일반 인민들의 건강 증진을 목적으로 하는 급진적 조치가 통합된 것에 기초를 둘 수 있게 한다. 예방 정책을 이야기할 때 일컬어지는 일반적인 중요성을 제외하고도 이 정책은 소비에트 연방에서 특별하게 중요한 의미를 지닌다. 왜냐하면 소비에트 연방은 최근까지도 비위생적인 환경이 남아 있고 감염성 질환(매독, 발진, 트라코마 등)이 만연했기 때문이다. 그렇기 때문에 사후 치료적인 조치만으로는, 아무리 집중적으로 시행하더라도, 이러한 감염병들이 극복될 수 없다는 것이 분명했고 동시에 예방적 조치만으로 질병의 전파를 막을 수 없다는 것도 자명했다. 그렇기 때문에 과거의 유산으로 남은 위와 같은 불건강함을 극복하기 위해서 보건 교육의 확장과 더불어 예방 정책이 요구되었다. 이러한 예방적 경향은 소비에트 보건의료 서비스의 세 번째 특색이라고 할 수 있을 것이다.

초기 질병 예방이 성공적으로 이루어질 수 있었던 것은 사회주의 건설의 전체 체계 덕분이다. 구체적으로 일상 생활과 노동 조건의 향상(도시와 농촌 마을에서의 공중 시설, 주택, 공동 급식소 등)과 광범위한 사회적, 위생 관련 법제의 확립(주 5일제, 유급 휴가의 의무화, 질병 보험, 산전·후 휴가, 노인 보험 등)이 그것이다.

또한 질병 예방은 소비에트 보건의료 서비스의 구조와 방법에 의해서도 성공적으로 이루어질 수 있었다. 그 시발점은 모든 의료와 위생 작업장에 대한 단일한 형태의 예방적인 접근에 있다. 소비에트 보건의료 서비스의 각 단위는 단순히 질병을 치료하는 것만 아니라 모든 환자의 생활 공간 조건에 대해서 분석함으로써 질병의 원인 자체를 없애는 관점을 가지고 조직된다. 그러므로 사회적 질병에 대한 이와 같은 투쟁은 질병 치료뿐만 아니라 질병 예방도 담당하고 있던 진료소에 의해 이루어진다. 이러한 진료소의 전형적인 예로는 결핵 진료소를 들 수 있다.

결핵 진료소 tuberculosis dispensary

결핵 진료소는 진료소에 찾아오는 모든 환자를 무료로 진료하는 것은 물론이고 방문을 담당하는 의사 인력을 확보하고 있다. 이들은 관할 구역에 있는 작업장(공장과 사무실)에 파견되어 결핵에 영향을 미치는 작업장 환경에 대해 분석하고, 이에 기초하여 위생 감독 기관에 자문하고 노동 보호 부서에 연락을 하는 역할을 담당한다. 이들은 결핵의 원인이 될 만한 것들을 발견하면 이를 개선시킬 수 있는 어떤 조치라도 취한다. 예를 들어, 집을 위생적으로 관리하는 방법을 가르쳐주고 아픈 환자들과 어린이를 불건강한 환경으로부터 격리시킨다. 동시에 진료소는 광범위한 위생 교육을 실시한다. 앞에서 언급했던 소비에트의 보건의료 분야 구성원들로 구성된 '노동과생활환경개선위원회Kotib'가 진료소와 함께 일한다. 지방의 진료소를 담당하고 있는 의사가 주재하는 회의에서 보건의료 분야의 구성원들은 의사, 간호사들과 함께 진료소의 행정적인 일에 대해 논의하고 관할 구역, 도시, 혹은 마을의 작업장과 생활 환경의 개선에 대해서 논의했다. 성병 진료소 역시 비슷하게 일한다. 성병 진료소 역시 사람들에게 무료로 진료를 제공하고, 감염의 원인을 찾아내고 발견된 매매춘에 대항하여 싸우는데 그 방법은 추후에 서술하도록 하겠다.

다른 형태의 예방 기관들도 진료소와 같은 방법을 사용한다. '모성과어린이상담소'의 경우 치료를 제공할 뿐만 아니라 산모들에게 위생적인 조언을 해주고 영유아를 적절하게 잘 양육할 수 있는 방법들을 교육함으로써 다양한 예방적 조치들을 수행한다.[3] 상담소는 위생 교육을 실시하고 작업장과 생활 환경의 개선을 위한 위원회를 운영한다. 상담소의 방문 의사와 간호사들은 관할 구역 영유아 건강에 대한 기록을 가지고 있고 가정 환경 개선과 어린이 양육의 올바른 방법들을 홍보하기 위해 수단과 방법을 가리지 않는다.

종합 진료소polyclinic의 경우도 특수 진료소들의 방법들을 이용한

---

3. 9장 '모성과 영유아 보호' 참고.

다. 단순히 의료적 치료를 제공하는 것에 만족하지 않고 관할 구역 작업장 환경과 생활 환경 개선 사항을 분석하고 작업장 환경이 건강에 영향을 미친다는 것을 밝히며, 나쁜 영향 요인들을 없애기 위해 필요한 조치들을 취한다.

단일 진료소 single dispensary

'단일' 진료소라고 불리는 새로운 형태의 의료 기관이 점차 증가하고 있다. 이 기관은 특정 지역에서 위생 조치들 체계 전체(예를 들어 결핵에 대한 투쟁, 모자보건, 어린이 건강의 보호, 산업 질병에 대한 투쟁, 감염병에 대한 투쟁 등)에 집중한다. 단일 진료소는 환자들을 분석하며 가능한 모든 방법을 사용하여 하나의 계획 아래 모든 조치들을 수행한다. 서로 다른 질병들(결핵, 성병 등)에서 얻어진 통계적, 임상적 자료들은, 환자의 생활 환경을 어떻게 개선할 것인가라는 관점에서 종합적으로 다뤄진다. 단일 진료소는 환자뿐만 아니라 관할 구역에서 생활하는 대중에 대해서도 관심을 가지고 정기적인 건강 검진과 분석 결과에 기초하여 다양한 예방 조치들을 수행한다. 단일 진료소는 특정 구역 내 모든 의료적, 예방적 행위에 대한 책임을 지고 있고 위생 서비스에 대한 계획을 세우기도 한다. 그러므로 단일 진료소라는 체계는 보건의료 서비스 영역에서 치료와 예방적 측면을 통합한 것이다.

소비에트 보건의료 서비스가 노동자들의 이해에 기초하여 예방적 조치들을 과감하게 추진했던 것은 산업장의 보건부서가 생산 단위를 그들의 주 관심에 두어 왔기 때문이다.

공장의 의무실

의무실은 모든 공장에 조직되어 있다. 이들의 기능은 단순히 응급조치만을 수행하는 것이 아니다. 이들은 노동환경을 개선할 수 있는 모든 조치들을 행한다. 소련에서 노동 보호는 각 공장에서 일하고 있는 노동자들 스스로가 주체가 되어 이루어진다. 공장에서 일하는 노동자들로 구성된 노동보호위원회Labour protection committees가 구성되어 안전 조치들을 강화하기 위해 협력한다. 공장 의무실에서 근무하는 의사들은 노동보호위원회, 안전제일위원회safety-first committees와 소통하며 전문 분야와 관련된 조치들에 대해 상담해 준다. 예를 들어 노동자 중 한 명이 산업 재해나 직업성 중독의 희생자가 되었을 때 이를 공장 의사와 상의하고 의사는 사고의 원인을 밝혀야 하며, 위에 언급된 기관들과 협력하여 위험 요인들을 없애기 위한 조치들을 취해야 한다. 그리고 공장의 위생 시설, 특히 식당 등의 위생 상태에 대해 검사, 관리하는 것도 의사의 임무이다. 당시 소련에서는 집단 급식소가 일반화되어 집단 급식소가 없는 공장이 없었다. 공장 의무실에서 일하는 의사는 급식소의 위생 상태와 음식 재료 보관이 적절한지를 살피고 소화 장애를 겪고 있는 환자들에게 식이 처방을 해준다. 좀 더 규모가 큰 공장에서는 일반적인 급식소 옆에 특별 식이를 위한 식당이 마련되어 있고 좀 더 작은 공장에서는 일반 급식소 안에 특별 식이를 위한 장소를 따로 마련해 둔다.

다음은 그로지니Grozny 유전油田의 의무실에서 일했던 의사로부터 들은 이야기이다.

"진료소에서 수행했던 첫 번째 일은 파라핀 병paraffin disease[4]에 대한 원인을 찾아내는 것이었습니다. 진료소와의 협력을 바탕으로 그로즈니 오일 트러스트Grozny oil trust에서는 일련의 조치들을 계획했고 중간에서 우리와 조율했습니다. 결국 샤워장이 시범적으로 설치되었고 퇴근 전 샤워하는 것이 의무가 되었습니다. 그때까지 그런 것에 대해서는 아무런 통제나 규제가 없었기 때문에 노동자들은 기름 범벅이 되어서 집에 돌아가곤 했고, 그 결과 질병에 쉽게 걸리게 되었던 것입니다. 의무실과 각 공장의 '보건 소조'가 노동자들이 근무 이후 옷을 벗고 비누로 충분히 씻을 수 있도록 하는 데 성공한 것이죠. 이제 노동자들은 깨끗하게 샤워하기 전까지는 퇴근할 수가 없게 되었습니다."

그 결과 파라핀 병의 발병 건수가 현저하게 줄어들었다. 또한 동일 진료소에서는 급식소의 작업과 유전 작업장의 위생 상태를 전반적으로 개선하는 일련의 조치들을 취했다. 그리고 노동자 중 적극적인 사람들이 모여서 이러한 모든 조치들이 실제로 수행되고 있는지를 매번 점검했다.

비슷한 의무실들이 집단 농장과 국영 농장에도 설치되어 있다. 우리가 아래서 살펴보겠지만 농업의 사회주의적 건설은 마을의 건강한 생활 환경을 개선할 수 있도록 하는 전례 없는 가능성을 열어 놓았다. 집단과 국영 농장에서 의무실의 역할은 노동환경 보호, 사고에

---

4. 파라핀 성분 때문에 생기는 피부병.

대한 투쟁, 집단 급식소가 잘 운영되는지 등을 감독하는 것이다.

소련에서 치료적이고 예방적인 기관의 체계는 다음과 같이 정리할 수 있다. 가장 기초적인 단위는 공장, 사무실, 집단 농장 등에서의 의무실이다. 그리고 이는 다른 기관들 즉 종합 진료소, 병원, 진료소dispensaries, 요양소sanatoria, 휴양소rest homes, 모성과 어린이 자문 부서 등을 포함하는 전체 체계 속에서 보조적 지원이 이루어지고 강화된다.

우리는 이제 예방 기관 중 좀 더 특별한 형태에 해당하는 것들을 간략히 살펴볼 것이다.

야간 요양소 night sanatoria

소비에트 의료 서비스에서 중요한 업적 중 하나는 소위 '야간 요양소'라고 불리던 것이다. 이는 질병 초기 상태에 있는 환자들을 대상으로 하는데, 환자의 질병이 심하지 않아서 출근을 포기하고 병원에 가야 할 정도는 아니지만 정상적으로 일하기는 어려운 환자를 위한 시설이다. 환자들은 퇴근 후 야간 요양소에 가서 요양소 복장으로 갈아입고 샤워하고 자신의 상태에 맞는 저녁을 먹은 뒤, 집보다 좀 더 위생적인 환경(좋은 통풍 등)에서 잠을 자고 필요할 경우 의료적 처치를 받을 수 있다. 그리고 아침에 다시 출근을 하는 것이다. 이러한 환경 아래서 근무할 경우 환자의 건강은 더 악화되지 않는다. 또한 반대로 결근을 하지 않고도 환자가 자신을 돌볼 수 있는 환경을 조성해 주는 것이다.

숲 속 학교 forest school

소련의 치료 기관 중 흥미로운 혁신 중 하나가 바로 '숲 속 학교'라는 것이다. 이것은 어린이가 숲 속이라는 개방된 공간 속에서 배우고 생활한다는 데에서 그 이름이 유래되었다. 이러한 학교들은 취약하여 병에 걸리기 쉬운 학생들을 위한 것으로서 정상적인 일반 학교와 비교했을 때 공부 양이 적다. 정신-신경적 증상을 보이거나 결핵 등과 같이 병에 걸린 어린이가 숲 속 학교에 보내진다.

캠프

소련에서 어린이를 위한 캠프가 매우 왕성하게 유행하고 있다. 캠프에서 어린이는 보통 텐트에서 자게 되기 때문에 자연스럽게 대부분 여름철에 열린다. 이 때 수백, 수천 명의 어린이는 도시를 벗어나 아주 소액의 이용료만으로 캠프에서 건강을 개선할 수 있다. 소액의 이용료조차 지불할 수 없는 가난한 어린이의 경우에는 정부 보조나 공공 조직의 보조를 받아서 무료로 갈 수 있다.

위생 교육

광범위하게 발달한 위생 교육이 소련의 질병 예방에 큰 역할을 한다. 소련 내 모든 공화국들과 자치 행정 구역들은 그 지역에서 쓰는 언어로 된 위생 교육 지침서들을 발간한다. 소비에트 체계 아래서 위생 교육은 단지 양적으로만 성장한 것이 아니라 형태적으로 다양해지고 있다. 이는 현대적 교육 기술의 모든 업적들을 활용한다. 수백만 장의 팸플릿을 찍어내는 데 그치지 않고 영화와 라디오, 위생 문화를 위한 집, 박물관, 전시회, 철로 위의 전시 객차, 위생 교육을 선전하기 위한 연극, 선전을 위한 공판 등 다양한 방법들을 활용하고 있다.

약국 chemist's shop

약국은 소비에트 보건의료 서비스의 구조에서 특수한 지위를 차지하고 있다. 차르 시대 러시아의 의료는 주 정부, 비공식 공공 기관, 그리고 사적 기관들로 나뉘어 있었다. 그러나 11월 혁명 이후 모든 약국은 국영화하였다. 소비에트가 의약품을 인민들에게 공급하는 것은 국가의 중요한 기능으로 간주하기 때문에 상업적 기업과 같은 개인 소유에 맡겨서는 안 된다고 판단했기 때문이다.

의약품의 생산과 분배가 국유화되고 인민에 대한 의료 지원을 담당하는 정부 기관이 생겼다는 것은 곧 약국이 사적으로 소유될 수 없다는 것을 의미한다. '보건인민위원회'는 의약품의 국내 생산을 확대하면서 의약품 수입을 점차 줄여 나갔다. 11월 혁명 전 러시아 약의 대부분은 수입된 것이었다. 1912년 수입된 의약품은 19,300,000루블이었는데, 이는 국가에서 통용되는 의약품 전체의 59%에 해당했고 그에 반해 국내에서 자체적으로 생산한 약은 13,000,000루블로 전체의 41%에 불과했다. 그러나 1927~8년 사이 수입 의약품은 4,250,000루블로 줄어들었고(12%) 같은 기간 국내 생산 의약품은 31,500,000루블로 증가했다(88%). 현재 수입 의약품은 전체의 3%밖에 차지하지 않는다. 소비에트는 국내에 의약품 생산 공장을 만들기 위해 끊임없이 노력을 기울였는데, 그동안 기후가 안 맞아서 국내 생산하기 어려운 약들도 포함되어 있다.(북해와 흑해의 해 초로부터 요오드의 생산, 바툼Batum[5] 근처 신코나cinchona 나무로부터 키니네의 생 산, 합성 의약 제제의 사용 등.)

현재 시행되고 있는 계획에 따라 약국은 모든 병원과 각 행정 구 역에 설치되는데, 의료 수요가 많은 공장과 시골 지역에 가장 우선 순위가 주어진다. 의약품의 생산과 분배 방법이 점차 개선되고 있고 특수 기술을 가진 노동자도 필요한 수만큼 훈련이 이루어지고 있다. 또한 의약품 생산의 질에 대해서는 매우 엄격한 관리가 이루어지고 있다.

---

5. 구 소련 남쪽 흑해 인접 항구 도시. (역자 주)

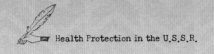

소비에트 보건의료 서비스의
발전 단계

국가의 보건의료 서비스 전체를 총괄하는 단일 조직으로서 '보건인민위원회'의 성장은 한 번에 이루어진 것이 아니었다. 초기에는 의료 서비스의 각 부분 사이 보다 긴밀한 접촉과 통합을 위한 노력이 있었다.

의료분과 위원회

1918년 2월, 다양하게 분화되어 있었던 '의료협의회Medical Collegiums'(예를 들어, 전쟁, 통신, 내부, 교육위원회의 의료 분과)를 통일하는 '의료분과위원회'가 설립되었다. 의료분과위원회는 건강과 관련 있는 모든 부서의 업무 사항을 조정하였지만 이러한 낮은 수준의 조정으로는 충분하지가 않았다. 전체 의료 체계에 대한 상세하고 포괄적인 정보들은(물론 그런 정보들은 언제나 빈약했고 그마저도 전쟁으로 파괴되었다.) 가장 합리적인 방식과 단일 계획에 근거하여 이용할 필요가 커졌다. 당시 내전 발발과 연합군의 경제 봉쇄 조치들로 인해서, 부족했던 의약품 재고는 더욱 빈약해져 갔고 의약품 수입도 점차 어려워졌다. 상황이 이렇게 되자 계획에 따른 의약품 분배가 필요해졌음은 물론이고 많은 의료 인력이 전선으로 동원됨에 따라 의료 인력의 적절한 배치에 대한 필요성도 급증했다. 결과적으로 전체 보건의료 서비스에 대한 통제력을 가진 단일 기구에 대한 아이디어가 생겨났다.

보건인민위원회

드디어 1918년 6월 '보건인민위원회'가 설치되었다. 이는 역사상 최초의 독립적 보건의료 부서였다. 앞장에서 살펴봤듯이 새로운 '보건인민위원회' 위원들은 설립 직후 극히 어렵고 책임이 무거운 문제들과 대면해야 했다. 당시 상황은 의심할 나위 없이 심각했다. 내전 기간 동안 러시아는 감염병으로 인해 극심한 고통을 받고 있었다. 발진티푸스는 곳곳에서 만연하고 있었으며 콜레라도 많은 곳에서 발생했고 페스트도 창궐했다. 특히 발진티푸스는 광범위하게 발생하였는데, 당시 정확한 기록은 남아 있지 않지만 아마도 수천만 명의 사람들이 앓았던 것으로 추정된다. 러시아 영토의 동쪽과 남쪽에서 붉은 군대(공산군)에 밀려 퇴각하고 있던 백군(반볼셰비키군)이 머물다가 떠난 하르코프와 옴스크 같은 도시는 발진티푸스로 사망한 시신들이 창고를 가득 메우고 있었다. 보건인민위원회가 처했던 어려움은 많은 의사들(특히 도시에서 일하고 잘 훈련되었던 의사들)이 11월 혁명 초기에 소비에트에 적대적인 감정을 가지고 있었다는 사실이다. 의사들은 공개적으로 보건인민위원회에 반대하면서 위원회의 명령을 거부하고 병원에서 뛰쳐나가 환자들의 건강을 방치했다. 내전 발발, 감염병, 의사들의 파업, 필요한 의약품의 부족, 의료 체계의 파괴 등 모든 요소들로 인해 새롭게 등장한 보건인민위원회는 극도의 어려움에 직면할 수밖에 없었다.

그럼에도 불구하고 어려웠던 이 시기는 동시에 건강보장과 단일 조직(보건인민위원회)을 특징으로 하는 소비에트 체계의 모든 장점들이 분명해지는 시기였다. 의료 체계는 점차적으로 질서를 찾기 시작했다. 의약품을 공급하기 위한 경제적, 합리적 분배 조치들이 이루어졌다. 몇몇 의약품을 소련 내에서 생산하는 조치가 즉각적으로 취해졌다. 위생 교육을 위한 리플릿과 팸플릿들이 전국에 넘쳐났다. 1919년에 열렸던 제7차 소비에트 의회에서 레닌은 다음과 같이 간결하지만 함축적인 말로 당시의 상황을 요약했다.

"사회주의가 이를 박멸하거나, 아니면 이가 사회주의를 박멸할 것이다."[6]

인민들 전체가 발진티푸스에 대항하기 위한 투쟁에 고무되었다. 공장과 집에서 청결을 강조하기 위해 노동자 위원회가 조직되었고 여성들도 적극적인 역할을 담당하기 시작했다. 그리고 아주 빠른 속도로 대중목욕탕 네트워크, 세탁소, 그리고 감염병 환자들을 위한 멸균실과 병원들이 들어섰다.

---

6. Either socialism will defeat the louse, or the louse will defeat socialism.

전문 의료 인력의 태도

의료 인력 배치가 계획에 의해 이루어졌다. 보건의료 서비스를 조직하는 이러한 방식은 보건인민위원회에 대한 전문 의료 인력의 태도에 결정적인 변화를 가져왔다. 소비에트 권력에 정치적으로 반대했던 사람들은 보건인민위원회 활동에도 지속적으로 반대했지만 많은 의사들의 행동에 변화가 생기기 시작했다. 이를 두고 제7차 소비에트 의회에서 레닌은 아래와 같이 묘사했다;

"물론 여전히 의사들은 노동자 계급의 정부를 편견과 불신으로 바라보고 있고, 발진티푸스와 대항하여 싸우기보다는 부자들에게 의료비 더 받는 걸 바라지만 사실 그런 이들은 소수다. 그리고 그 수는 점차 줄어들고 있다. 의사 대다수는 인민들이 자기 자신의 존재를 위해 싸우고 있다는 사실과 어떤 문화적 구원의 근본적 문제를 해결하기 위한 투쟁을 인식하고 있는 사람들로서, 이러한 의사들은 군사 전문가와 같이 희생정신으로 무장해서 어렵고 힘든 일에 헌신하고 있다. 그리고 이들은 공통의 문제를 개선하는 데 자신들의 힘을 보탤 준비가 되어 있다."

이러한 변화 중 가장 두드러지는 예가 고 타라세비치L.A. Tarasevich 교수이다. 타라세비치 교수는 소련에서만 유명한 것이 아니었다. 1917~8년 당시 그는 피로고프 의사회의 회장으로 소비에트 체제에 대해 비타협적인 반대를 표명했던 인물이었다. 그러나 그는 보건인민위원회 대표자가 의사회에 위원회 창설에 대해 보고한 뒤 1918년 말에 이르러 보건의료 체계의 조직에 힘을 보태겠다며 보건인민위원회에 찾아왔다. 보건인민위원회에 우호적으로 변한 그는 보건인민위원회의 과학위원장에 임명되어 죽을 때까지 그 자리에서 일했다. 의사들 사이에서 그가 가진 영향력은 소비에트 보건의료 서비스를 조직해 나가는 과정에서 큰 기여를 했다.

기근 시기의 어려움

1921~2년에 찾아온 기근으로 인해 보건인민위원회는 엄청난 부담과 압력을 받게 되었다. 보건인민위원회는 소련 내에 있는 모든 공공 기관과 주state, 그리고 소련 내 영토에서 운영되고 있던 외국 기관들[7]의 모든 의료적 지원을 지휘하고 조직해야 했다.

기근과 내전이 끝난 뒤, 보건인민위원회는 의료와 예방 제도를 확장, 개선, 강화하는 데 힘썼는데, 특히 좀 더 노력을 기울였던 것은 다양한 방법과 지속력을 가지고 소비에트 의학의 토대를 강화해 나가는 것이었다. 이 같은 노력은 '감염병 유행에 대한 투쟁에서 보다 건강한 작업장과 생활 환경을 위한 노력으로!'라는 소비에트 보건의료의 슬로건에서도 잘 드러난다. 그리고 해를 거듭하면서 보건인민위원회는 포괄하고 있는 범위와 질적 측면에서 점차 성장했다. (22장 '건강보장에 대한 제1차 5개년 계획의 결과와 제2차 5개년 계획의 전망'에서 좀 더 상세히 서술한다.)

---

7. 적십자사the Red Cross Society, 아메리칸 원조기구the American Relief Administration, 퀘이거즈the Quarkers, 난센 원조 위원회Nansens' relief committee 등.

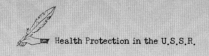
소련에서의
보건의료 서비스 계획

소비에트 경제 체계에서 가장 핵심적인 개념 중 하나는 바로 '계획'이라는 것이다. 매년 혹은 5년 단위로 소련의 경제, 문화적 재건에 대한 계획들이 정부에 의해 준비되고 실행된다. 그래서 국가의 모든 자원들은 이 단일 계획에 근거하여 개발이 이루어진다.

보건의료 서비스는 어떻게 계획되는가?

계획을 둘러싼 원칙들은 보건의료 서비스에서도 동일하게 관찰된다. 다른 분야와 마찬가지로 보건의료 서비스 분야에서도 하나의 중심점에 집중할수록 더욱 효과적이고 완벽하게 계획될 수 있기 때문에 모스크바에 있는 보건인민위원회와 그 산하 지방 보건부서들은 계획에 근거하여 보건의료 서비스의 개발을 지도한다.

보건의료 서비스의 계획은 다음에 서술되는 주요 원칙들에 근거하고 있다. 건강보장 계획의 경우는 일반적인 경제 계획과 맥을 같이했다. 이런 목적을 가지고 보건부서는 산업의 특성, 가장 중요한 공장들과 국가 집단 농장 등 그들이 관할하고 있는 지역의 경제 상황에 대해서 학습한다. 계획은 나머지 인민들에게 모두 좋은 방향으로 서비스가 최대한 제공될 수 있도록 전략적으로 기획되어야 한다.

또한 보건부서는 일반적인 사망률, 1세 미만 영유아 사망률, 특히 감염병 관련 유병률sickness rate, 주거 환경의 조건과 공중 시설(상수도, 목욕탕, 세탁소 등)의 상태, 집단 급식소의 상태, 그리고 지역의 자연적 특색(습지, 강, 호수 등)과 같은 관할 지역 위생 상태에 대해서도 조사한다.

보건부서는 관할 지역의 경제적, 위생적 환경에 대해서 숙지한 뒤, 구체적인 통계적 자료들, 예를 들어, 성별, 연령별 인구 분포, 산업에 종사하고 있는 노동자 수(남, 여), 집단 농장에서의 농민(남, 여), 그리고 상시 혹은 비상시적인 노동자의 수를 파악하기 위해 노력한다.

보건의료 계획의 범위

보건 당국은 필요한 정보들을 받은 뒤 지역 내 보건 상태를 개선하기 위한 계획들을 천천히 그려 나간다. 이러한 계획은 다음과 같은 내용을 담고 있다.

- 위생의 예방적 조치 : 일반적인 건강 조치들, 하수도, 청소 등, 개별 주거 단위나 자치 행정 단위에서 할 수 있는 것(주택 설립, 상수도, 쓰레기 처리, 공중 목욕 시설, 세탁소 등), 위생 교육 활동(각종 전시회, 리플릿과 팸플릿, 영화, 강의, 간담회 등)

- 감염병을 예방하기 위한 위생적 조치 : 감염병 환자들을 위한 병상 공급, 소독, 해충 박멸, 예방접종 등
- 위생 감독의 조직 : 주거지, 식품, 학교, 그리고 그밖에 다양한 위생 감독
- 병원과 비병원적 측면을 모두 포함하는 치료적 조치를 위한 조직 : 보건진료소 체제(1931년 5월 16일 이래로 250명 이상의 노동자를 고용한 사업장에서는 개별적인 진료소를 설치하여 운영해야 한다), 진료소, 종합진료소, 병원, 요양소, 특별한 형태의 의료 지원(물리치료, 엑스-레이 등) 그리고 인구 집단 전체를 위한 보건 휴양소 치료 등

보건의료 서비스 계획에서 '탁아소'는 특별한 지위를 갖고 있다. 산업에 고용된 여성들은 어린이를 맡길 때 탁아소를 선호하고 있다. 산업에 고용된 여성들 이외의 다른 여성들도 어린이를 낳으면 탁아소에서 돌봐줄 것이라는 생각으로 어린이를 탁아소에 등록한다. 탁아소에 대한 계획은 산업에서의 모든 근무조가 이용할 수 있도록 한다는 것과 직장으로부터 최대한 가깝게 탁아소가 위치해야 한다는 원칙에 근거하고 있다.

재정 계획

의료 또는 예방 관련 제도에 대한 수요가 확립되면서 보건 당국은 관할 구역의 모든 서비스에 대해 새로운 제도와 재정 계획을 세워 나가기 시작했다. 재정 계획들은 주로 그 지역 예산을 사용하고 특정 지역 내에 할당된 다양한 자원들에 대해 고려하지만 동시에

주 정부의 예산에서도 일부가 보건의료 서비스를 위해서 할당되어 있다(이것은 보건 휴양소, 정신병원이나 시설, 감염병 예방 시설 등과 같이 더 중요한 기관들에 대해 재정을 지원하도록 규정하고 있다).

하지만 예산의 주요 재원은 지역 예산이다. 보건의료 서비스를 위한 기금의 큰 부분(산업 지역의 경우 반 이상)은 사회보험 기금social insurance fund에서 온 기여금에 의한 것이다. 전체 보험 기금의 1/3 가량을 차지하고 있는 질병보험 기금은 보험 부서에서 일반 재정 계획에 포함되도록 전환된다. 사회보험 기금의 큰 부분은 탁아소 운영과 감염병 퇴치 조치, 주거 환경, 보건 휴양소 등에 사용된다. 보건의료 서비스 계획은 공장 내 회의를 통해 사람들의 이해 관계를 적절히 반영하고 있는지 여부가 논의되고 그 뒤에 소비에트에 의해 승인된다. 그리고 국가 전체 수준에서 요약된 계획이 '소련 인민위원회'에서 승인을 받는다.

이런 식으로 보건의료 서비스를 계획하는 것은 지역 내 모든 보건의료 조치들을 체계적으로 운영한다는 것을 보여준다. 기존에 있는 병원과 의원이라는 체제를 가장 잘 활용하고, 새로운 의료 시설을 짓고, 전문의와 같은 의료적 핵심 그룹을 효과적으로 배치하고, 나가려는 방향에 맞도록 이들의 역량과 자격을 증대하고, 의료 기관들의 기술적인 측면을 재정비하는 것 등 다양한 측면에서 합리적인 조치들을 도입하게끔 한다. 보건의료 서비스의 '계획'이라는 특성은 보건의료 서비스가 지속적으로 향상할 수 있도록 강력한 추진력을 제공한다.

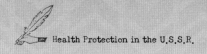
소비에트
도시와 농촌의 공공 서비스

신도시의 건설

소련의 전 영토에 걸쳐 진행되었던 엄청난 공사들은 보건 당국의 세심한 관심이 요구되는 것들이다. 새로운 집과 마을뿐만 아니라 신도시가 건설되고 있다. 예를 들어, 사막 스텝 지대였던 마그니토고르스크Magnitogorsk 같은 경우, 불과 3년 만에 인구 20만 명의 도시로 성장했다. 작은 마을에 불과했던 쿠즈네트스크Kuznetsk도 3년 만에 15만 명이 거주하는 도시로 성장했다. 영토의 북쪽 끝 광산 지역조차 신도시들이 생겨나고 있다. 소련 영토의 북쪽에 위치하고 있던 인회석 광산인 히비노고르스크Khibinogorsk도 지난 5년 동안 성장을 거듭하여 이제 거주민이 3만 명 이상이 되었다. 1926년 당시 인구 10만 명 이상의 도시는 31개에 불과했지만 1931년이 되자 그 수는 46개로 증가했다.

자연적으로 보건 당국이 직면해야 하는 새롭고 심각한 문제는 이러한 도시와 관계된 것들이다. 보건 당국은 성장하고 있는 미래의 도시들이 살기 좋은 건강한 공간이 되기 위해서 어디에 신도시를 지어야 할지에 대해서 자문을 해야 한다. 신도시의 위치가 선정된 이후에도 보건 당국은 건설된 미래의 도시에 대한 일반적 계획뿐만 아니라 경제적이고 문화적인 기관들에 대한 계획에도 참여해서 공원, 상수도, 쓰레기 처리, 공중위생 시설 그리고 인구 집단에 대한 의료적 자원들이 적절히 공급될 수 있는지 등에 대해서 관여한다. 신도시 건설에 관련한 법령은 이와 같은 모든 중요한 문제들을 해결하는 데 있어서 신도시의 건설자들이 보건 당국과 상의하는 것을 의무로 하고 있다.

기존 도시의 재건축

신도시 건설과 별개로 기존의 도시들을 개선하기 위해서도 많은 노력이 이루어지고 있다. 이런 관점에서 소비에트 권력은 구체제에서 유감스러운 유산을 물려받은 셈이며 상황의 개선을 위해 모든 에너지를 집중하고 있다. 혁명 이전 115개의 도시를 제외하고는 상수도 시설이라고 할 만한 것들이 없었고, 13개의 도시를 제외한 나머지 도시에는 쓰레기 처리 시스템이 없었다. 그러나 현재 366개의 도시가 맑은 물과 상수도 시설을 갖추게 되었고 쓰레기 처리 체계를 갖춘 도시도 55개로 늘어났다.

그리고 최근 많은 도시에서 '문화휴식공원Park of Culture and Rest'을 개장하고 있다. 이 공원들은 사람들이 마음껏 휴식을 취하고 여가를 즐길 수 있도록 녹지가 가득하다. 공원에는 스포츠, 공연, 영화, 그리고 기타 다양한 볼거리들도 함께 있다. 또한 어린이를 위한 특별한 놀잇거리들을 갖추고 있고 각 공원마다 비싸지 않은 뷔페도 있다. 매일 수천 명의 사람들이 이 공원을 방문하는데, 모스크바에 있는 '문화휴식 고르키공원'의 경우 5년 동안 약 37,171,924명이 방문하였고 이를 환산하면 매일 6~7천 명, 주말에는 약 15만 명의 사람이 다녀간 셈이다. 이와 같은 일은 보건 당국과의 긴밀한 협조를 통해서 이루어진다. 공원에 있는 놀이 시설, 스포츠 시설, 그리고 집단 급식소 모두가 의료적 측면의 규제를 요하고 이는 보건 당국에 의해 제공된다. 물론 이러한 개선 조치는 단순히 도시와 노동자의 정착지에만 국한되지 않는다.

집단 농장과 국영 농장

이 같은 방향의 적극적인 움직임들은 농촌에서도 활발하게 일어나고 있다. 좀 더 규모가 큰 집단 농장은 모든 영역에서 개선을 보여주는 뛰어난 곳이다. 고용된 노동자의 수로 보았을 때 더 큰 국영 농장 역시 많은 사람이 고용되어 있는 큰 공장과 맞먹는 수준이다. 예를 들어, 북캅카스 산맥 근처에 있는 '자이간트Gigant'라는 국영 농장은 수만 명의 사람을 고용하고 있고 그들의 가족을 포함한다면 그 수는 약 10만 명에 이른다.

농촌의 경우도 건설 지역으로 어디를 선택해야 할지, 어떻게 공사를 해야 할지, 나무는 얼마나 심을 것인지, 위생-기술적인 설비들을 설치해야 할지, 그리고 인구 집단에 대한 의료 서비스를 어떻게 공급해야 할지 등 많은 문제에 직면하고 있다. 그리고 이런 모든 문제들은 자연스럽게 보건 당국의 지속적 참여를 필요로 하고 있다.

앞서 간략히 언급했던 '문화휴식공원'이 집단 농장 또는 국영 농장에 이미 다수 설치되어 있다는 것은 의미 있는 일이다. 이는 결국 농촌에서 추진되어 왔던 일련의 개선점들이 어떤 속도로 이루어지고 있는지를 보여주는데, 우리는 이를 통해 사회주의적 건설은 위생적 장점에서 볼 때 도농 간 격차를 줄여가고 있음을 보여 준다.

위에서 언급된 바와 같이 새롭게 생겨나는 산업적 거대 조직에서 공공 서비스와 보건의료는 특별한 관심의 대상이다.

다음에 나오는 표는 마그니토고르스크Magnitogorsk, 우람마쉬스트로이Uralmashstroi, 첼랴빈스키Chelyabinsk, 베레즈니키Berezniki, 쿠즈네츠스크Kuznetsk, 카라간다Karaganda 등에서 병원과 진료소의 발전을 보여주는 것으로 이런 서비스에 대한 대략적인 개요를 알 수 있게 해준다.

의료 서비스

		병상 수	진료소	공장 의무 시설	탁아소 침대 수	의사 수	위생소 의사 수
마그니토고르스크	1931년	1,212	48	10	500	140	10
	1932년	1,400	100	18	1,900	342	10
우람마쉬스트로이	1931년	180	20	4	180	53	3
	1932년	360	45	12	500	68	10
첼랴빈스크	1931년	831	38	3	930	126	5
	1932년	1,280	80	20	2,500	206	34
베레즈니키	1931년	350	10	3	270	36	1
	1932년	520	46	6	400	90	8
쿠즈네츠스크	1931년	516	36	13	350	86	6
	1932년	3,000	76	16	1,400	181	25
카라간다	1931년	35	8	12	40	15	2
	1932년	100	33	20	400	80	12

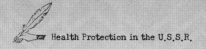
위생적인 주거 환경

'위생적인 주거 환경 감독'이란 보건인민위원회에서 위생적인 관점에서 인구 집단의 주거 필요에 지속적인 관심을 가진다는 것과 위생 규칙을 엄격하게 집행한다는 것을 의미한다. 위생적인 주거 환경 감독은 1919년 6월 19일 정부의 칙령에 의하여 최초로 수립되었다.

혁명 후 주거 위기의 해결

1917년 11월 혁명 직후 주거지의 '위대한 재분할'이 시작되었다. 이는 사용 가능한 땅 면적을 좀 더 평등하게 분배하기 위한 것이다. 지나치게 땅을 많이 소유한 사람들이 그렇지 못한 사람들을 위해 부분적으로 그들이 가진 것을 포기해야 함을 의미했다. 1918년 8월 20일 발효된 정부 칙령은 규모가 큰 아파트 형태의 거주지를 모두 국유화하고(모스크바의 경우 그 기준은 매년 750루블 이상의 소득을 가진 모든 이를 대상으로 했다.) 노동자 이해 관계에 부합하는 방향으로 거주자들의 공간을 좀 더 평등하게 분배하는 내용을 담고 있다. 내전 기간 동안 전쟁, 경제적 무질서, 경제 봉쇄 등으로 폐허가 되었던 땅에 대규모 신축은 거의 불가능했기 때문에, 현재 사용 가능한 면적을 좀 더 공평하게 재분배하는 것만이 유일하게 주거 부족 문제를 해결할 수 있는 방법이었다. 보건인민위원회와 각 지방의 보건부서에 의해 시행된 위생적인 주거 환경 감독 덕분에 노동자들은 좀 더 유리하게 공간을 분배 받을 수 있었다. 결핵이나 류머티즘, 구루병 등으로 고통 받던 사람들은 원래 살던 아주 작은 방이나 지하 방을 가장 먼저 벗어나 추가 감염을 막기 위해 별도로 분리된 방에서 살 수 있게 되었다. 모스크바에서만 약 30만 명이 넘는 사람들이 건강하지 못한 주거 환경에서 더 건강한 동네로 이동하게 되었다.

새로운 주거 환경

내전이 끝나고 전후 평화 시기의 재건 작업이 시작되면서 새로운 주거지를 짓는 대규모 공사가 시작되었다. 제1차 5개년 계획 기간(1928~32년) 약 350만 루블이 집을 짓는 데 투자되어 면적으로 총 2,900만 평방미터에 달하는 공간이 새로 만들어졌다. 약 160만 노동자 가족에게 주거 공간을 제공하는 것이 가능해졌다. 농촌에서도 신축 건물이 들어서기 시작했다. 집단 농장과 국영 농장에서 1931년 한 해만 2억 5천만 루블이 투자되었는데, 그 결과는 단순히 새로운 집이 생기는 것이 아니라 새로운 도시가 건설되는 것으로 나타났다. 마그니토고르스크Magnitogorsk와 쿠즈네트스크Kuznetsk와 같은 거

대 도시는 고작 몇 년 전까지만 해도 사실상 아무도 살지 않는 곳이
었다.

위생적인 주거 환경 감독

이렇게 신축 공사가 활발하던 시기의 위생적인 주거 환경 감독
의 과업은 다음과 같은 것들을 포함하였다. 첫째, 위생적인 관점에
서 만족할 만한 수준의 건물, 마을, 혹은 노동자들의 주거지 등을
선정한다. 둘째, 위생적 관점에서 건물들을 감독하고 확인한다.(예를
들어 건물의 위치, 건축 자재, 물의 공급, 단열, 채광, 쓰레기 처리 등.) 셋째, 탁아
소, 유치원, 공중 세탁 시설, 집단 부엌(공동 부엌) 등과 같은 위생적이
고 문화적인 시설을 설치한다. 그리고 현재 법령 하에서 신축 건물
이 완공된 뒤 실제 운영되기 위해서는 위생 감독의 승인이 의무가
되었다.

위생 감독은 거주 시설의 관리뿐만 아니라 세입자들이 위생법을
잘 지키는지를 확인하는 것까지 대상으로 하고 있다. 위생법을 반복
해서 어기는 사람들은 법원의 판결에 의해 해당 시설에서 추방된다.
또한 위생 감독은 거주 시설을 비위생적으로 관리한 사람을 대상으
로 벌금을 부과하거나 건강에 위해를 가할 수 있는 시설에 대해 규
탄할 수 있는 권한을 가진다. 거주 시설의 위생 상태를 개선하기 위
해서 위생 감독은 방대한 범위의 교육 활동을 시행한다. 살고 있는
집을 위생적으로 관리하는 방법을 설명하는 리플릿과 팸플릿의 발
간, 위생 선전을 위한 영화와 라디오, '방을 불결하게 하고 사는 세
입자들의 재판Trials of a Tenant Keeping His Rooms in Filthy Condition'과

같은 제목의 선전극 등을 활용하였다.

위생 감독은 의사와 보건인민위원회가 조직한 특수학교에서 교육을 받은 보조 인력들로 운영되며 이미 언급된 바와 같이 위생적인 주거 환경 감독은 그들이 맡은 역할을 수행하기에 충분한 권한과 인력을 부여 받는다. 또한 도시와 농촌의 소비에트 중 보건의료 영역을 대표하는 구성원으로서 대중들 자신 역시 위생적인 주거 환경 감독을 하는 데 큰 도움을 주고 있다.

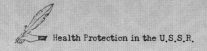
식품위생

식품 검사에서 중점을 두는 곳은 집단 급식소이다.

소련의 집단 급식소Communal feeding

소련의 집단 급식소는 대규모로 발전해 오고 있다. 1931년에 이르러서는 약 5백만 명의 노동자, 350만 명의 사무실 노동자와 농민이 공공 식당에서 식사를 할 수 있게 되었다. 또한 3만 명가량의 학생들 역시 학교에서 따뜻한 점심 식사를 먹을 수 있었다. 당해 연도만 추산했을 때 공공 식당의 수는 공장에 각자의 주방이 있는 공장 주방kitchen-factory 44개를 포함하여 총 13,400개에 달하고 각각의 식당은 매일 3만에서 3만 5천 명 가량의 식사를 제공할 수 있다. 모스크바의 경우는 매일 약 25만 명의 식사를 제공할 수 있도록 된 대규모 공장 주방의 신축이 거의 끝났다. 1932년 집단 급식소는 더욱 확대되어 전체 노동자의 약 42.8%, 전체 대학생의 약 80%,

사무실 노동자의 25%의 식사를 책임지고 있다.

소비에트 정부는 집단 급식소를 건강의 관점으로만 바라본 것이 아니라 사회적이고 정치적인 관점에서도 바라보고 있다. 집단 급식소는 집안일로부터 여성을 해방시켜 줄 수 있고 노동력을 향상시켜서 사회주의 건설의 속도를 높이는 데 기여한다. 집단 급식소는 도시와 마찬가지로 농촌에서도 급속도로 확대되어 갔다. 이는 국영 농장에서는 점차 일반화되었고 개인 급식에 비해 집단 급식이 일하는 농민들에게 주는 위생적, 사회적, 경제적 장점이 더욱 분명해짐에 따라 집단 농장에서도 자발적으로 도입되고 있다.

식품 산업

집단 급식소의 성장은 광범위한 식품 산업의 발전을 가져왔고, 이에 따라 면밀한 위생 감독을 요구하였다. 이 같은 성장은 다음 사례들을 통해 살펴볼 수 있다. 11월 혁명 전 러시아의 통조림 산업은 소규모 수공업이나 반半기계화 동안 생산된 통조림의 총 생산량은 8천만 캔을 넘지 못했다. 총 생산량 중 과일 통조림은 0.75%에 불과했고 생선 통조림 역시 1%를 넘지 못하는 아주 미흡한 수준이었다.

그러나 혁명 이후 통조림 산업은 급속하게 성장하고 있다. 1925~6년 2년만 추산했을 때 약 4,570만 캔이 생산되었다. 통조림 생산량은 매년 급속도로 증가하여 1929년 1억 380만 개, 1930년 2억 6660만 개, 1931년 6억 개로 증가하였다. 종류별로는 전체 통조림 생산 중에서 고기 통조림이 15%, 생선 통조림 19.2%, 일반 야채 33.2%, 토마토 22%, 그리고 과일 통조림이 10.5%가량을 차지한다.

식품 검사

식품 생산에서 이러한 변화는 보건인민위원회가 당면해야 했던 중요한 임무가 식품 검사라는 것을 알게 해준다.

이 분야는 식품의 생산을 주로 살펴본다. 통조림 공장은 연구실과 시설 등을 제공받았고 공장에서 생산된 모든 통조림은 식품 검사를 통하지 않고 시장에 출시할 수 없게 되었다. 식품 검사에서 고려되는 것은 집단 급식소에서 음식이 준비되는 방법, 식품의 보관과 식품의 질 등이다. 공공 식당에서도 식품 검사를 받은 음식만을 사람들에게 제공할 수 있다. 그리고 식품 검사원들은 특수한 식이를 제공받는 환자들의 식사를 검사하는 임무도 부여 받는다. 적절한 급식 시행을 강화하기 위해서 식품 검사원들은 진료소의 의사들과 협력하여 일한다. 농촌의 집단과 국영 농장에서는 특별한 식품 검사가 따로 없었기에 식품의 질이나 급식소, 시장 등의 상태를 검사하고 지도하는 것은 해당 구역에서 일하는 의사나 각 농장의 진료소에서 일하는 의사들의 몫이다.

식품과 주거 환경에 대한 감독은 의사와 보조 인력으로 이뤄지는 정부 감독원들의 임무이다. 보조 인력들은 보건인민위원회에 의해 특수학교에서 훈련을 받는다. 이 감독원들은 모든 대중들 특히나 지방 소비에트의 공급 영역을 대표하던 사람들로부터 적극적인 지지를 받고 있다. 공공 식당에는 '식당위원회'라는 조직이 있는데 이는 공장 노동자, 사무실 노동자, 농장 사람들로 구성되어 식당의 운영을 감독하고 위생 감독원들을 보조한다.

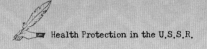
체육

소비에트 체육의 목적

소비에트 연합의 체육은 대중의 건강 증진이라는 목적을 가진 예방적 조치들 중 가장 중요한 영역이다. 소비에트에서의 체육은 단순히 '스포츠'라는 단어로 표현될 수 있는 것을 넘어서서 광범위한 의미를 가진 것이다. 여러 공화국의 보건인민위원회는 노동과 국방의 관점에서 신체를 체계적이고 전반적으로 발달시키는 것을 '체육'으로 간주한다. 합리적으로 조직되었던 체육은 신체의 각 기관이 튼튼해지도록 햇빛, 물, 공기 등을 광범위하게 활용한 체조와 직장과 가정에서의 합리적인 섭생과 위생적 습관을 합쳐놓은 것이다.

이 자체로 우리는 소비에트 체육의 주된 특징을 파악할 수 있다. 소련에서의 체육은 일반적인 교육의 한 형태이고 노동과 국방을 목적으로 하는 건강한 세대를 양성하는 데 그 목적이 있다. 1930년 4월에 개최되었던 소련 체육에 관한 최고회의 첫 번째 총회에서 채

택된 결의안은 신체 활동에 관해 다음과 같이 방향을 제시했다.

"우리의 과도기적 상황은 체육 운동을 사회주의 일꾼 양성에 필요한 교육의 한 부분이 되도록 하는 것을 요구하고 있다. 또한 체육은 대중의 건강 증진을 위해 중요한 수단으로서도 필요하다."

체육은 소비에트 연합에서 전국적으로 도입되면서 일상의 일부로 자리잡아 가고 있다. '하루 24시간 체육'이라는 구호가 소비에트에서 가장 대중적인 구호이다.

산업 현장에서도 체육이라는 것은 노동자의 건강을 증진하고 노동 생산성을 개선하는 수단으로 사용된다. 하루의 일을 시작하기 전과 근무 시간 중간 중간 약 5~10분의 체조를 하는 '체육 시간'과 퇴근 전에 하는 '마무리 체조'가 각 공장이나 사무실에서 가장 보편적으로 이루어지는 체육의 형태이다.

체육은 가정생활에서도 철저한 식단 관리, 신체 기관의 강화, 그리고 위생적 습관과 연관되어 있다.

학교, 유치원, 탁아소의 최근 체육은 영유아 초기부터 시작되어 모든 어린이를 대상으로 필수 교육 과정이 되었고 붉은 군대에서도 체육은 훈련의 가장 중요한 과정으로 기여하고 있다.

소련에서 전 인민을 대상으로 행해졌던 체육은 정치, 사회, 경제적 생활에서도 연관성을 찾을 수 있다. 이 포괄적인 네트워크의 가장 기본적인 단위는 공장, 사무실, 집단 농장, 붉은 군대, 학교 등을 중심으로 구성된 '체육 서클'이다. 체육을 위한 조직들이 대중 혁명 축하 행사, 야유회, 매스 게임과 각종 대회 등에서 적극적인 활동을 보였다.

소비에트에서 체육을 기획하는 중앙 조직으로 '체육위원회'가 조직되어 '교육인민위원회'(학교, 대학), '보건인민위원회'(병원, 휴양소, 보건 휴양소 등), '육군과해군인민위원회'(붉은 군대), '노조중앙위원회'(공장과 사무실) 등에서 행해진 체육을 전체적으로 담당하고 있다.

소비에트 스포츠

앞서 언급했듯 스포츠는 소비에트 체육의 주류라기보다 일부에 불과하다. 소비에트에서 스포츠는 기록을 경신하기 위한 것보다는 오히려 대중이 체육에 관심을 갖도록 독려하는 데 의미를 둔다.

그럼에도 불구하고 스포츠의 다양한 영역에서 운동 선수들의 활약은 대단하다. 이는 소비에트 체육 선수들이 압도적으로 뛰어난 기량을 보여 주고 있는 국제 복싱 경기, 축구, 육상과 기타 스포츠 경기에서 확인할 수 있다. 예를 들어 1933년 11월 25일 소비에트 레슬링 선수들은 스웨덴 노동자 레슬러와의 경기에서 체급을 불문하고 전승을 거두었다. 실제 비슷한 사례들이 거의 모든 다른 스포츠 분야에서도 확인되었다. 1933년 10월 소비에트의 낙하산병이었던 예브세예브Yevseyev는 7,200미터 상공에서 낙하함으로써 세계 기록을 경신했다.

소련의 운동 선수들은 매년 2차례 건강 검진을 받는데, 이는 선수들이 기록 경신에만 몰두하다가 건강이 나빠지지 않도록 위험을 방지하기 위한 것이다.

치료와 교정을 위한 체육

최근 몇 년 동안 치료 목적의 체육이 전국에 광범위하게 도입되었다. 치료를 목적으로 하는 체육이라 함은 심장, 폐, 신경 등 특정 질환의 치료를 위한 목적으로 체조 등을 활용하는 것을 의미한다. 이런 치료 목적의 체육 활동은 특히 수많은 보건 휴양소에서 광범위하게 활용된다. 비슷한 종류의 체육으로 소위 교정을 위한 체육이 있다. 이는 특정한 직업적 위험에 대처하기 위해 특별히 고안된 체조 활용을 의미한다. 예를 들어 먼지가 많이 나는 직종에 근무하는 사람들이 실외에 나가 깨끗한 공기를 마실 수 있는 체조를 한다거나, 하루의 대부분 앉아서 일하는 사람들이 나가서 걷기를 실천하는 등이다. 체조를 적절하게 활용하는 것은 예방과 치료를 위한 방법으로써 그 가치를 입증하고 있다.

노동과 국방에 대비하자

소비에트의 체육은 대중의 건강 증진과 노동 의욕을 강화하는 데 매우 효과적이지만 동시에 나라의 국방을 강화하는 강력한 수단이기도 하다. 당시 '노동과 국방에 대비하자Prepared for work and defense'라는 배지가 유행했는데, 이 배지는 군인들에게 필요한 자질을 가지고 있고 지속적인 신체 활동에 적합하다고 판명된 체육 선수들에게 수여된다. 첫 번째 5개년 계획이 끝날 무렵 소비에트는 전국적으로 약 6백만 명의 체육 선수들이 있었고 이들 중 60만 명의 선수들이 이 배지를 받았다. 소비에트의 노동자 대다수가 군사 훈련을 받는다는 점을 고려했을 때, 신체 활동이 국방 분야에서 가지는 중요성은 자명하다. 1928~9년 징병 나이에 가까운 청년들을 대상으로 대규모 검사가 이루어졌는데, 이를 통해 정기적으로 신체 활동에 참가한 사람이 그렇지 않은 사람보다 훨씬 건강하다는 것이 확인되었다.

소비에트의 관광 운동

관광 운동은 최근 몇 년 급속히 성장하고 있다. 1929년에만 약 13만 명의 사람들이 관광 분야에서 다양한 형태로 종사하고 있는데 이 수는 각각 2,142,000명(1931년), 그리고 10,000,000명(1932년)으로 증가했다.

다양한 기후와 자연 환경을 가지고 세계 영토의 1/6을 점유하고 있는 소련의 광활한 영토는 소비에트 관광 운동이 다양한 형태로 발전할 수 있는 기반이다. 이런 관광 운동의 한 줄기에는 국가의 천연 자원에 대한 연구도 포함되어 있다. 영토의 북쪽 끝을 포함하여 소련 곳곳에 퍼져 있었던 가치 있는 광산의 상당수가 관광 탐험 tourist excursion을 통해 발견되고 있다.

관광 탐험이라는 것은 종종 생산적인 목표가 있다. 예를 들어 한 공장의 노동자가 비슷한 공장을 방문하여 경험을 공유함으로써 그들의 자질을 향상시킬 수 있다. 집단 농장의 경우도 한 농장의 농민들이 다른 지역의 농장이나 국영 농장에 파견되기도 하고, 교육자들도 다른 지역에 가서 동료들의 교육 방법을 배우고 경험을 서로 공유하기도 한다. 전쟁 상황에서 군인들에게 요구되는 자질을 계발하기 위해 기획되었던 관광 탐험은 군사 행진의 형태를 띠었고 노 젓기, 등산, 사이클링, 운전, 등산 등은 소련에서 매우 일상적인 것이 되었다.

프롤레타리아 관광회

소련의 관광 조직 중 매우 유망한 직종은 '옵테Opte'라는 이름으로 축약되어 널리 알려졌던 '관광과 탐험을 위한 자발적 프롤레타리아 모임Voluntary Society of Proletarian Tours and Excursions'이다. 이 모임의 목적은 건강 증진뿐만 아니라 지역의 광물 자원에 대한 산업 홍보와 정보 수집 등을 통해 사회주의 건설을 적극적으로 지원하는 데 있다. 옵테의 기초 단위는 공장이나 사무소의 '서클circle'이다. 이 조직의 급속한 성장은 가입된 회원수가 1929년 6만 명에서 1930년 20만 명으로 증가했다는 데서 알 수 있다. 이는 전국적으로 많은 사무소를 가지고 있었는데, 1930년 당시 주요 사무소의 수가 73개를 넘었다.

탐험과 관광 분야에서 보건 당국의 역할은 관광객과 탐험객의 건강을 보호할 수 있는 조치를 취하는 것이다. 탐험객에 대한 건강 검진, 운동복의 의학적 표준화, 산악 지역을 포함하여 특수한 관광 루트에 위치하고 있는 관광 사무소에 대한 의학적 검사 등이 관광 분야 관련 보건 당국의 주요 역할이다.

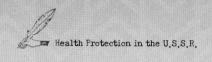
소련의 보건 휴양소

소비에트 보건 휴양소의 다양성

소비에트 연합은 '자연 속 건강 명소'의 기준에서 볼 때 매우 풍요로운 지역이다. 과학자들은 소련의 광천이 1,000개가 넘는다고 기록하고 있다. 크림과 캅카스의 온천, 트랜스캅카스, 오뎃사, 우크라이나 스라뱐스트에 있는 아바스 투만 기후 휴양소climatic resorts 등이 모두 국유 보건 휴양소이다. 기후, 온천, 진흙 휴양소 이외에 스텝 지역의 '당나귀유milk 지역'이라는 곳에서는 결핵 환자들이 쿠미스kumiss[8]라는 것을 통해 치료받기도 한다.

국토의 광활함과 기후적 다양성으로 인해 소련의 보건 휴양소는 굉장히 다양한 형태로 발전했다. 그 다양성 속에는 아프하지아의 가그리와 수쿰에서 볼 수 있는 아열대 휴양소도 있고, 시베리아

---

8. 단순히 기후적 요인 이외에 그 지역의 당나귀 우유가 특별한 방식을 통해 준비되었다.

에 위치하고 있는 북부 휴양소도 있다. 오뎃사, 크림, 흑해, 대륙 안쪽[9] 등에 있는 광물-토양 휴양소 이외에 북캅카스의 온천 휴양소, 중앙 러시아와 극동에 있었던 보건 휴양소, 그리고 오른쪽 끝으로는 블라디보스톡에 이르는 소비에트 연합 전역과 남쪽에도 기후 휴양소가 있다. 이렇게 광범위한 치료적 자원들을 합리적으로 활용하는 것이 연합의 각 공화국 보건인민위원회 '보건 휴양소부health resort administration'의 주된 역할이다.

과거 소련의 보건 휴양소는 다양한 행정 부서의 감독이 이루어졌는데, 현재는 보건인민위원회의 보건 휴양소부에서 일괄적으로 담당하고 있다. 이 조직은 계획에 따라 의학적으로 적절한 곳에 휴양소를 짓고 이들이 건강을 위한 기구로서 기능하도록 지원한다. 보건 휴양소의 환자들은 '의사특별위원회'에 의해 선별된다.

요양소의 규칙들

각 보건 휴양소에는 환자에게 의학적 치료를 제공할 수 있도록 휴양소부가 운영하는 종합 진료소를 설치하고 있다. 보건 휴양소에서는 효과적 치료를 위해 엄격한 요양소 규칙이 요구된다. 요양소의 환자들은 언제나 의사들의 관할 아래 있고 전체의 절반을 차지하는 외래 환자들은 호스텔에 거주하면서 보건 휴양소부가 제공하는 의학적 치료와 급식 서비스를 제공받는다.

보건 휴양소 안에 지어진 새로운 요양소는 모두 특화된 것이다.

---

9. 시베리아 카라키Karachi in Siberia와 스타라야 러시아Staraya Russia.

그러므로 캅카스 온천에 지어진 요양소는 위장 질환과 신진 대사 장애, 예산투키는 심장 질환, 키스로보드스키는 류머티즘, 퍄티고르스크는 부인병과 신경 불안 등에 특화되어 있다. 보건 휴양소에서의 진료는 보통의 진료 기록처럼 작성한다. 모든 보건 휴양소는 특수 식이를 포함하여 환자를 위한 식당을 갖추고 있고 노동자와 농민을 위한 일반 치료와 특수 치료 그리고 식대 모두 무료이다. 환자의 절반 또는 그보다 많은 2/3가량이 모두 공장 노동자가 되면서 보건 휴양소 환자의 사회적 구성을 바꾸어 놓았다.

환자의 사회적 구성

환자들 중 노동자와 농민의 비율을 증가시키려는 조치로 차르 시대의 크림과 리바디아 궁전이 농민 요양소로 전환되었다. 보건 휴양소는 점차 수적으로 증가하였고 그들이 돌보는 환자 수와 활동 범위에서도 확대되고 있다. 현재 소련에서는 지방에 있는 중요한 보건 휴양소들의 개선과 발전에 특별한 관심이 모이고 있다.

최근 몇 해 동안 소비에트 보건 휴양소에서 외국인 노동자를 포함하여 외국인 환자의 방문이 증가하고 있다. 소비에트 휴양소들은 이들이 제공하는 합리적인 치료와 정기적인 의학적 검사 이외에 이들이 위치한 자연 환경의 수려함으로 많은 환자와 방문객들의 발길을 붙잡고 있다. 보건 휴양소들은 산, 흑해, 카스피해, 백해, 태평양의 해변에 자리하고 있고 볼가, 돈, 드니퍼 같은 큰 강의 그림 같은 언덕에 있다. 소련에서 보건 휴양소의 발전은 보건인민위원회의 전체 활약상 중 가장 뛰어난 장을 장식하고 있음에 틀림없다.

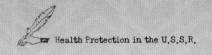
모성과 영유아 보호

이번 장에서는 소비에트 보건의료 체계의 자부심이라 할 수 있는 모성과 영유아 보호에 대해 다룬다.

차르 시대 러시아의 여성들

소련의 이 분야에서의 위대한 발전을 살펴보기 위해 우리는 혁명 전 여성들의 상황에 대해서 알아볼 필요가 있다. 차르 시대 러시아에서 가장 혹사당하고 탄압받던 사람들이 여성 노동자였다.

이들은 집안일에 예속되고 주방 일과 세탁 일에 매여 있으며 어린이를 돌보는 데 손발이 묶여 있었다. 당시 여성들은 러시아 교회가 말하는 '신성불가침'이라는 족쇄에 채워져 있었기 때문에 사회에서 일 또는 공부를 하거나 지역사회 내에 참여하는 것 중 어느 하나 할 수 있는 것이 없었다.

1917년 11월에 일어났던 혁명은 이 같은 여성의 삶을 급진적으로 바꿔버렸다. 소비에트 헌법은 모든 면에서 여성과 남성을 동등하게 만들었다. 이를 부연하기 위해 당시 헌법의 일부를 인용하기로 한다.

소련에서의 가족 관계

소련에서 결혼은 당사자가 모두 동의를 표했을 때만 가능하다. 부모의 동의는 필수사항이 아니다.

혼인 신고는 '결혼등록소Z.A.G.S.'[10]에서 하는데, 사실혼을 유지하는 경우도 신고한 결혼에 준하여 인정을 받는다.

남편과 아내의 관계는 완전 평등이라는 전제 아래서만 성립된다. 차르 시대 헌법에서는 아내가 남편에 순종하는 것은 물론 무조건 그를 따라야 한다는 것이 의무 사항이었다. 그러나 소비에트 헌법 아래서는 여성이 자기 직업을 결정할 권리가 있고 남편이 거주지를 변경했을 경우 따라가야 한다는 의무 사항이 없다. 남편과 아내 사이 재산 관계 역시 완전한 평등에 근거한다.

이혼

이혼은 별도의 형식 절차 없이 두 사람의 의사에 의해 법적으로 승인된다. 남편 또는 아내의 이혼 신청서만 있으면 이혼은 승인된다. 만약 이혼 당사자 한쪽이 신청서를 제출해서 이혼이 승인된 경

---

10. Bureau of Registration of Civil Acts

우 '결혼등록소'에서는 이혼 수당에 대한 조정을 위해 다른 한 쪽에게 이혼 사실을 알리게 된다.

이혼 수당

이혼 수당이란 어린이, 남편, 아내 또는 부모 등 가정 구성원 중 생활을 유지하기 어려운 사람들에게 지급되는 돈을 의미한다. 법에 의해 아내는 이혼 후 약 1년 동안 이혼 수당을 지급받는다. 만약 아내가 폭력, 잦은 낙태 등 남편의 잘못으로 장애가 발생한 경우, 법원은 그녀가 회복하여 일을 시작할 수 있을 때까지 남편으로부터 이혼 수당을 지급받을 수 있도록 하고 있다. 이혼 수당에 대한 법적 내용은 결혼 신고 유무와 상관없이 모든 결혼에 적용된다.

어린이에 대한 보호

결혼 신고 유무와 상관없이 태어난 어린이는 모두 이혼 수당에 대한 권리를 갖는다. 이는 결혼 생활과 상관없이 단순한 성 관계로 태어나게 된 어린이에게도 모두 해당된다.

차르 시대 법은 아버지가 어린이를 교도소로 보낼 수 있는 권리까지 포함하여 어린이에 대한 무한대의 권한을 가지도록 규정했다. 그러나 소비에트 헌법 아래서 부모의 권리는 어린이의 이익에 반하지 않을 때만 행사할 수 있으며 어린이에 대한 부모의 특정 권리들이나 권한은 기존에 비해 대폭 줄었다.

어린이 학대나 부모권의 남용과 같은 상황에서 어린이의 궁극적인 보호자는 국가이다. 위 경우 소비에트 정부는 부모의 권리를 박탈하고 어린이를 정부의 기관으로 보내 교육받을 수 있도록 한다.

여성 노동자 보호

모든 여성 노동자와 다양한 비육체적 직종에서 근무하고 있는 여성들은 출산 전후 각각 8주간의 출산 휴가를 가질 수 있는 권리가 있다. 대다수 비육체적 직종에서 일하고 있는 여성들은 출산 전후 각각 6주간의 출산 휴가가 주어진다.

여성들은 출산 휴가 기간 동안에는 직장에서 해고당하지 않는다. 직장에서 인력을 줄여야 하는 경우 1살 미만의 어린이를 둔 미혼 여성을 우선적으로 보호할 대상으로 고려하는데, 실제 해고는 노동 감독관의 특별한 인가를 받은 예외적인 경우에 의해서만 가능하다.

출산을 앞두거나 수유하는 여성들은 시간외 근무나 야근이 허용되지 않으며, 임신 5개월 이후 여성의 경우 당사자 동의 없이 시외 출장에 보낼 수 없다.

모유 수유하는 여성들의 경우 근무 시간 중 정기적인 휴식 시간 이외에 세 시간 반마다 모유 수유를 위한 특별 휴식 시간(30분 이하)을 가질 수 있고 이 같은 휴식 시간은 근무 시간으로 계산된다.

요약하자면 이러한 법들이 여성과 남성의 평등을 보장해 주는 장치로 작용하고 여성과 어린이에 대한 사회적 보호도 규정하고 있다. 그러나 이러한 법적 평등과 별개로 진정한 여성 해방도 이루어졌는데, 그 상세한 내용은 아래에서 살펴보도록 한다.

모성과 영유아 보호의 기본 과제

사회주의 건설을 위한 엄청난 '속도'로 인해 노동의 수요가 급증하고 있다. 그리고 추가적으로 증가한 수요는 대부분 도시와 농촌에서 여성 노동자에 의해 수급이 이루어지고 있다.

그러나 여성들을 산업 현장으로 불러내고 이들의 작업 능률을 향상시키기 위해서는 여성 노동자들의 근무 환경이 여성의 해방을 담보할 수 있도록 갖춰져야 한다. 이것이 모성과 영유아 보호를 우선하는 근본적인 목적이다. 부차적이기는 하지만 다음으로 중요한 목적은 어린이들에게 건강과 사회주의 교육을 제공하는 것이다.

탁아소

여성이 대규모로 노동 현장에 참여할 수 있게 된 것은 4살 이하 어린이를 돌보는 탁아소가 있었기 때문이다. 탁아소는 어린이를 돌봐야 하는 엄마의 역할에서부터 여성들을 자유롭게 함으로써 이들이 산업 현장에서 일하거나 학업을 통해 역량을 강화하는 것은 물론 사회적 삶에 참여할 수 있는 기회를 제공하고 있다. 동시에 탁아소는 레닌이 이야기했던 '강철 같은 용기와 무쇠 같은 근육을 가진 건강한 세대'를 양성하는 곳이기도 하다.

하루 7시간 운영하는 일반적인 탁아소와 달리 소비에트 정부는 여성 노동자를 위해 하루 10~11시간 운영하는 탁아소와 며칠 동안 연속으로 어린이를 돌봐 주는 탁아소도 설립하고 있다.

또한 공장 내에 모유 수유를 할 수 있는 특별한 탁아소도 마련하여 엄마들이 모유 수유를 위해 공장 부지를 벗어날 필요가 없도록 배려하고 있다. 농사일이 한창인 마을에서는 현장 탁아소가 조직된다. 현장 탁아소는 다름 아니라 수유에 필요한 다양한 물품들을 마차에 갖춰 놓고 있으며, 특수 인력들로부터 도움을 받을 수도 있다. 이로써 많은 엄마들은 불편함 없이 농사일을 할 수 있게 되었다.

산업 현장에서 일하는 여성들의 수가 증가함에 따라 어린이를 위한 탁아소의 수 역시 증가하였다. 현재 탁아소의 네트워크는 전국 곳곳에 퍼져 있다. 아래 표는 러시아소비에트 연합사회주의공화국 R.S.F.S.R.(이하 러시아공화국)[11]에서 돌보는 어린이 수를 보여 주는데, 이를 통해 탁아소의 성장을 유추해 볼 수 있다.

	1928년	1929년	1930년	1931년	1932년
도시와 산업 센터	31,935	39,923	59,949	122,644	206,491
농촌(지속적 탁아소)	1,640	3,054	27,973	115,190	304,370
한시적 탁아소	12,972	174,695	459,900	1,424,753	3,146,200

1933년 계획을 통해 마을 탁아소는 4,382,540명의 어린이에게 돌봄 서비스를 제공하고 있다. 탁아소는 매 자치 공화국과 소련에 설치되었다. 예를 들어 차르 지배 아래서 감염병으로 인해 인구수가 줄어가던 매우 심각한 저개발 지역 중 하나였던 작은 츄바쉬Chuvash의 경우, 탁아소의 개수가 1929년 680개에서 1932년 5,000개로 증가했다. 같은 기간 탁아소 숫자는 전국 251,400개에서 4,529,000개로 증가했다.

---

11. Russian Soviet Federated Socialist Republic. 소련의 여러 공화국 중에서 가장 큰 공화국이다.(역자 주)

탁아소 숫자의 증가와 함께 탁아소 서비스를 위한 예산 역시 증가하였다. 러시아공화국만을 추산하였을 때 탁아소 운영을 위한 예산은 1931년 9,900만 루블에서 1932년 16,6700만 루블로 증가하였다.

우유 주방milk kitchen

어린이에 대한 급식 체계는 여성 해방과 건강한 세대를 양육하는 데 효과적인 수단이다. 탁아소와 모성 상담소maternity consultation bureau와 함께 추가적이거나 인공적 영양이 요구되는 어린이를 위해 대규모의 우유 주방이 만들어져 있다.

우유 주방은 신선하고 좋은 우유와 연령별로 맞는 음식과 그밖의 필요한 것들을 어린이에게 제공해 준다. 어린이의 음식은 가능한 가장 위생적인 방법으로 준비되는데, 예를 들어 우유는 아주 세심하게 정제한 후 차갑게 냉장 보관한다.

어린이를 위한 식당

소련의 많은 곳에서 어린이를 위한 식당이 설립되어 있는데, 이 식당들은 많은 어린이를 위해 음식을 제공하는, 마치 공장 내 식당과 같은 곳이다. 어린이를 위한 식당은 보건 당국에 의해 감독을 받고 매일 수만 명의 어린이에게 식사를 제공한다.

모유실 breast-milk station

'모유실'은 엄마의 죽음이나 질병, 갑작스러운 이별 등으로 모유를 먹을 수 없는 어린이를 위한 것으로 특별한 관심을 받고 있다. 이 방에서 엄마들은 가장 위생적인 환경과 철저한 의학적 규제 속에서 모유 잉여분을 짠 뒤 보관한다. 이 방에 모유 잉여분을 제공할 수 있는 엄마들은 바세르만Wassermann 검사[12]와 같은 과정을 통과하여 엄마와 어린이가 건강하다고 판명된 경우로만 제한한다. 이 같은 아이디어는 모유 수유하는 엄마들이 자기 아이에게 모자라지 않는 범위에서 모유 잉여분을 유용하게 사용할 수 있다는 점에 착안했다.

1928년 '여성과 영유아 보호를 위한 중앙 정부과학연구소'[13]에서 세운 모유실은 당시 비슷한 기능을 가지고 있던 다른 기관 중 전세계에서 가장 컸다. 디트로이트에 지어진 모유실은 1925년 한해 3,336리터의 모유를 어린이에게 제공했고 모스크바의 경우 1928~9년 사이에 5,527리터를 제공했다. 이 같은 모유실의 열정적인 활동은 모유를 먹지 못했던 어린이의 설사 예방에 가장 효과적인 조치였음에 틀림없다. 많은 수의 여성이 일터로 돌아갈 수 있었던 힘은 여성 인구의 건강을 개선하기 위해 계획되고 시행된 방대한 조치들의 결과였다. 이러한 조치들은 다음 세 가지 주요 원칙, 첫째 여성 상담 부서의 조직, 둘째 모성 홈maternity homes, 셋째 낙태 반대를 위한 투쟁에 기반을 두고 있다.

---

12. 매독 검사(역자 주)

13. Central State Scientific Institute for the Protection of Maternity and Infancy

여성 상담소

'여성 상담소'의 목적은 위생적 조치들을 통해 여성 질환을 예방하고 산모에 대한 체계적 검진을 실시하여 태아의 비정상을 검사하고, 만약 문제가 발견되는 경우 효과적인 치료를 위해 여성들을 교육시키는 데 있다. 또한 상담소는 여성들에게 낙태의 유해성을 가르치고 피임을 권한다. 낙태가 절대적으로 필요한 경우는 환자를 병원에 보내기도 한다. 그밖에 여성 상담소는 산모를 보호하고 모성과 영유아 보호를 위한 법에 대해서도 조언하는 역할을 담당하는데, 이 같은 여성 상담소의 성장은 아래 표에서 확인할 수 있다.

여성 상담소 수

1927년	1930년	1931년
813	1,148	1,150

모성 홈

차르 시대의 여성 노동자 특히 시골의 여성 노동자들은 거의 문맹 조산사의 도움에 의존해야 했다. 이로 인해 출산으로 인한 사망률이 매우 높았고 출산 여성 다수가 출산 후 장애가 남기도 했다.

그러나 혁명 후 '모성과 영유아 보호 부서'가 생기면서 시골과 도시에 모성 홈 시설이 급증하였다. 여성 상담소는 '어린이를 집에서 낳지 말자'라는 슬로건을 내걸고 다양한 교육적 활동을 진행한다.

시골에서는 임산부의 상태를 기록하고 출산 시 병원을 안내해 주거나 가능한 경우에는 간호사를 집에 보내기도 하는 등의 중요한 일을 조산소에서 담당한다. 조산소는 임산부가 좀 더 노동 강도가 약한 일을 하게 하거나 혹은 필요시 아무 일도 하지 않도록 조치하는 권한을 갖는다. 동시에 조산소에서는 일반적 위생 혹은 성 생활과 관련한 위생 사항들에 대한 정보를 제공하기도 한다.

낙태에 대한 법률

1920년 11월 18일, 보건인민위원회는 '사법인민위원회'와 함께 다음과 같은 법령을 포고하였다.

"지난 수십 년 동안 서구와 소비에트에서 인공 중절을 선택한 여성들의 수는 증가하였다. 모든 국가들의 법률은 낙태라는 악행에 맞서는 방식으로, 인공 중절을 선택한 여성들과 이를 집행한 의사들을 벌했다. 그러나 이런 방식의 대응은 결코 좋은 결과를 가져오지 못했다. 오히려 낙태가 음성화되었고 돈 벌기에 급급한 의사나 비밀리에 인공 중절술을 함으로써 돈을 버는 돌팔이 사기꾼에 의해 여성들을 희생양이 되었다. 그 결과 낙태를 한 여성의 절반가량이 수술 중 감염이 되었고 그 중 4%가량은 사망했다."

노동자와 농민의 정부는 지역사회 내 이러한 심각한 악행에 대해서 자각했고 여성 노동자들을 대상으로 반낙태 홍보 활동을 펼침으로써 이에 대응하고 있다. 사회주의를 위해 일함으로써, 그리고 모성과 영유아 보호 조치들을 확대 도입함으로써 노동자와 농민의 정부는 낙태가 점차적으로 줄어들고 있다고 확신한다. 그러나 과거 도덕을 고집하는 자와 현재의 어려운 경제 상황은 여전히 많은 여성들로 하여금 낙태를 선택할 수밖에 없도록 하고 있다. 보건인민위원회와 사법인민위원회는 과거의 억압 정책이 완전히 실패했다 판단하고 모성과 영유아 보호를 위해 다음과 같이 결정했다.

- 첫째, 소비에트 병원에서 인공 중절술을 무료로 시행하도록 하여 수술의 위험을 최소화한다.
- 둘째, 의사 이외의 사람이 인공 중절술을 집도하는 것을 철저하게 금지한다.
- 셋째, 인공 중절술을 행한 간호사나 조산사는 그 면허를 박탈하고 인민 법원에 회부한다.
- 넷째, 수입 창출의 목적을 가지고 개인 진료실에서 인공 중절술을 행한 의사는 인민 법원에 의해 책임을 추궁 받는다.

보건인민위원회, N. 세마쉬코Semashko

사법인민위원회, 쿠르스키Kurski

위 법령은 낙태라는 관습 행위에 대해 다른 나라에서 보지 못한 새로운 방향을 제시하면서 상당한 우려를 낳기도 했다. 낙태에 관한 법이 널리 시행되면 출산율에 영향을 줄 것이라는 우려가 사람들 사이에서 팽배했으나 이러한 우려는 정당하지 않았음이 밝혀진다.

법의 결과

물론 이 법이 낙태 확산에 어떤 영향을 미쳤는지 알아 볼 수 있는 정확한 자료는 얻을 수 없다. 법 제정 이전 낙태는 음성적으로 시행되었기에 이에 대한 기록이 존재하지 않기 때문이다. 그러나 이 법이 생김으로 낙태를 위해 병원을 찾는 여성들의 수가 증가했음은 분명하다. 1911년 모스크바에서는 출산 100건당 6.4건의 낙태 기록이 19.6건(1923년), 31.4건(1925년), 55.7건(1926년)으로 증가했다.

하지만 이 수치들은 실제 낙태 수가 증가하거나 그 결과로 출산율이 낮아졌기 때문이 아니라 낙태의 합법화로 인한 변화이다. 이는 같은 기간 오랫동안 출산율이 안정적으로 유지되었다는 것에서 알 수 있다.(1911년 출산율은 43.8%, 1923년에는 32.3%, 1924년 42.9% 그리고 1925년에는 43.8%를 유지했다.)

한편 낙태의 합법화는 당시 불법이었던 불완전 유산으로 병원을 찾는 여성들의 숫자를 급격하게 줄이는 데 기여했다. 20개 지방의 데이터를 분석한 결과 1923년 42%였던 불완전 유산이 점차 줄어들어 1924년에는 37%, 1925년은 38.5%로 나타났다. 이 기간 동안 등록된 불완전 유산의 다수는 병원 수가 여전히 적었던 시골에서 발생한 것이었다.

위 수치의 변화는 모스크바에서 더 두드러진다. 1923년 57.9%였던 불완전 유산이 1924년에는 43.2%, 1925년은 15.5%로 줄었고 1926년에 12.2%로 떨어지더니 1932년에는 10%로 급감하였다. 좀 더 최근에는 불완전 유산으로 큰 도시의 병원을 찾는 여성들의 수가 아주 미미할 정도로 줄어들었다. 이와 같은 개선은 매우 만족할 만한 수준이었고 무지한 돌팔이의 낙태 수술에 의해 여성들이 장애를 얻게 되는 일에 종지부를 찍게 되었음을 의미한다.

또 다른 중요한 결과는 산후 질병이 급감했다는 것이다. 로이즐 Roessle에 의하면 베를린에서 산후 감염으로 인한 사망자가 신생아 1,000명당 1922년 13명, 1923년 14명, 1924년 11명이었다. 이 수치를 레닌그라드의 수치와 비교하면 흥미로운 결과를 얻을 수 있다. 레닌그라드에서 동일 원인으로 인한 영유아 사망은 신생아 1,000명당 3.9명(1922년), 3.5명(1923년), 2.7명(1924년), 그리고 2.4명(1925년)으로 점차 줄어들고 있다. 낙태에 대한 소비에트 법이 추구하던 목적 즉 모성과 영유아 건강 보호가 충분히 달성된 것이다.

이러한 낙태 건수의 증가에도 불구하고 다른 국가에 비해 소련의 낙태 건수가 낮다는 것도 주목할 만하다. 1929년 소련의 낙태율은 인구 1,000명 당 8.2건이었는데, 같은 시기 낙태를 금지했지만 지속적이고 음성적으로 낙태가 행해졌던 독일의 경우는 2배 더 많은 15.4건이었다.

어떠한 여성들이 낙태의 합법화로 가장 이득을 보았을까? 모스크바와 레닌그라드의 통계치를 보면 낙태의 주된 원인이 주거 부족, 빈곤, 질병, 대가족 등이다. 다시 말해 낙태의 합법화는 가장 궁핍한 여성들에게 가장 많은 이익을 가져다주었다.

반낙태 투쟁

낙태의 합법화가 여성들의 이익에 부합하는 것이었지만 동시에 보건인민위원회는 건강에 유해한 영향을 미치는 낙태 확산을 방지하기 위한 투쟁을 다음 세 가지 방향에서 진행했다.

- 여성 상담소의 지도와 규제 아래 산아 제한 홍보
- 모성과 영유아의 보호를 위한 기구들(탁아소, 모자원 등)의 네트워크 개발 : 이를 통해 여성들에게 도움을 주고 어린이에게는 적절한 보호와 음식을 제공함으로써 낙태가 필요할 상황을 없앤다. 비슷한 목적에서 보건 당국은 의사와 여성 조직의 대표들로 구성된 특별위원회를 조직하여 각기 다른 대안들을 고려하여 낙태 예방 목적의 지원을 수행하고 낙태 수술을 무상으로 받을 수 있도록 법을 정비하는 등 다양한 역할을 수행하게 한다.
- 일반적인 위생 교육 실시 : 비교적 좋은 환경에서 낙태 수술이 행해지더라도 낙태라는 행위 자체가 여성의 건강에 얼마나 유해한지 알리는 각종 팸플릿을 사람들에게 배포한다.

어린이 상담소

'모성과 영유아 보호 부서'는 여성을 해방하고 여성의 건강을 증진하는 것 이외에 자녀 세대를 건강하게 기르는 것과 사회주의 교육을 위한 적절한 환경을 제공하는 것을 동등하게 중시한다.

건강한 어린이를 기르기 위한 노력의 일환으로 많은 예방적 조치들이 취해졌고 이 가운데 어린이 상담소는 특히 중요하다. 이러한 어린이 상담소 수는 첫 번째 5개년 계획에서 거의 3배가량 증가했는데, 이는 다음 표를 통해 확인할 수 있다.

어린이 상담소 수

1927년	1930년	1931년	1932년
986	1,392	2,232	2,562

어린이 상담소는 엄마들을 대상으로 어린이에 대한 적절한 돌봄과 질병 예방에 대해서 교육한다. 상담소 의사들은 어린이의 신체 성장을 정기적으로 측정하면서 신체적인 발달을 담당한다. 어린이를 위한 집단 급식소(우유 주방)를 설치하여 어린이의 급식을 상담소가 스스로 담당한다. 상담소는 건강한 어린이를 기르는 최고의 요소로서 햇빛, 공기, 물을 최대로 활용하는 것에 대해 조언한다. 어린이의 감염병 예방을 위해 예방 접종을 실시한다. 만약 어린이가 아픈 경우 상담소는 의료 지원도 제공한다.

대중적 보건 조치

마지막으로 상담소는 가정에서 어린이의 일상 생활을 개선하기 위해 노력하면서 어린이 대상 보건 시설들을 조직하기 위해 노력한다. 보건 시설에는 운동장, 광장과 길거리, 문화휴식공원에 있는 어린이마을, 걷기 운동 등이 모두 포함되는데 예를 들어 엄마들이 돌아가면서 8~10세 어린이들과 같이 걷기 운동을 하기도 한다. 이러한 조치들은 엄마들이 어린이의 건강에 좀 더 관심을 갖게 하면서 어린이를 매일 몇 시간이고 자유롭게 공부하거나 혹은 밖에서 공동으로 활동하게 만든다.

모자 대기실

최근 중요한 기차역 중 많은 수가 '모자 대기실'을 만들기 시작했다. 엄마와 함께 기차를 타고 여행하는 모든 어린이는 의료적 검사를 받고, 만약 아픈 경우 즉시 격리되어 필요한 치료를 받는다.

건강한 어린이는 샤워를 하도록 한다. 엄마들이 휴식을 취하거나 필요한 일을 하는 동안 어린이는 담당 직원들이 돌본다. 그리고 모자 대기실 안에는 특별한 식당 칸이 마련되어 있어 영유아가 나이에 맞는 영양가 있는 음식을 저렴한 가격에 섭취할 수 있도록 한다. 현재 약 120개의 시설이 주요 기차역에 설치되어 있다.

엄마와 어린이를 위한 객차

복지 당국은 기차에도 조치를 취하기 시작했다. 예를 들어 레닌그라드-블라디보스토크와 같은 장거리 노선에는 열차에 엄마와 어린이를 위한 특별한 객차를 설치하도록 만들었다. 이런 객차들은 어린이가 샤워할 수 있는 욕조, 어린이의 옷을 빨 수 있는 방, 어린이의 젖은 옷을 말릴 수 있는 전기 건조함, 우유와 같이 상하기 쉬운 음식들을 보관할 수 있는 냉장고 그리고 어린이가 맘껏 뛰놀 수 있는 공간이 마련되어 있다.

엄마와 어린이의 복지를 위해 비슷한 종류의 조치들이 증기선과 같은 해상운송에도 도입되고 있다.

영유아 감염병에 대한 투쟁

소련은 혁명 전 수백만 어린이의 목숨을 앗아갔던 재앙 같은 감염병에 대해 관심을 기울였다. 감염병을 진단하고 격리될 수 있는 병동을 만들어 탁아소, 상담소 등 어린이 기관들로 하여금 감염병이 침투하지 않도록 예방조치를 하고 있다.

대규모 예방접종은 영유아 감염병에 대항하는 데 매우 중요하다. 아래 수치를 보면 당시 예방접종의 효율성을 알 수 있다. 1928~31년 사이 디프테리아 예방접종을 받은 1~7살 어린이 15,000명 중 1.3% 가량의 어린이만 실제 디프테리아에 걸린 반면, 예방접종을 받지 않은 어린이는 14.3%가 디프테리아에 감염되었다.

모스크바에서는 8,328명의 어린이가 홍역 예방접종을 받았는데, 이중 4.3%만이 1살이 되기 전에 홍역으로 사망한 반면 예방접종을 받지 않은 경우 홍역에 의한 영아 사망은 39.6%에 달했다.

사회주의 훈련

사회주의 투쟁의 계승자로서 어린이를 사회주의식으로 양육한다는 것은 모성과 영유아 보호를 위해 일하는 조직들이 담당하고 있는 가장 중요한 일이다. 사회주의 훈련 체계의 첫 번째 고리가 바로 '탁아소'이다.

인정받은 교육 인력의 지시 아래 사회주의 탁아소의 직원들은 어린이의 적절한 신체 발달과 기능적으로 조화로운 발달을 위해 일한다. 계획된 놀이와 교육을 통해서 어린이의 창의적 정신과 진취성이 길러지고, 어린이는 주변 세계를 알아가고 사회·정치 교육의 근본 원칙에 대해서 깨우치게 된다.

탁아소의 직원들은 어린이가 탁아소에서 배운 대로 건강한 생활 습관들이 가정까지 확장될 수 있도록 노력하는데 이는 부모님을 위한 강의와 개인적인 1대 1 방문을 통해서 이루어진다.

다음 주제로 넘어가기 전에 몇 가지 통계 수치를 살펴보는 것이 도움이 될 것이다. 혁명 전에 1세 미만 영유아 사망률은 1,000명당 250~60명이라는 끔찍한 수치에 달했다. 고르키Gorky가 이야기했던 것처럼 '삶의 꽃Flowers of Life'이 피기도 전에 사라진 것이다. 혁명 후 소비에트 정부가 이런 상황을 개선했을까? 다음에 나오는 통계 수치들은 1,000명당 1세 미만 어린이 사망률을 보여 주고 있다.

노동자 거주 지역 영아 사망률

	1917년 이전	1922~9년	1930~2년
우사체프카	228	199	77
보기샤	246	144	89
아마와 다이아마	215	177	67
트리고르카	307	193	138

농촌 지역 영아 사망률

	1917년 이전	1922~9년	1930~2년
루카비츠키 지역	205	153	121
디먄 비드니 집단 농장	200	190	121
북부 지역	234	176	109

도시와 시골에서의 상황 그리고 위 표에 제시된 수치들에 근거했을 때 우리는 소비에트가 집권한 약 15년 동안 영아 사망률이 시골

에서 50%, 노동자들이 거주하는 지역에서는 66% 가량 감소했다는 것을 확인할 수 있다.

개선된 여성의 지위

이제 '어린이'에서 '여성'으로 다시 논의의 초점을 바꿔 보자. 여성에 대한 착취는 이제 사라졌다. 소비에트 러시아에서 여성은 남성과 동등한 권리를 얻게 되었다. 여성들은 공장에서 남성과 나란히 일했고 남성보다 지적 추구에서 앞서 나갔다. 그리고 여성들은 사회적, 정치적 삶에서도 더욱 적극적으로 임했다. 1913년에는 635,000명의 여성만이 산업 현장에서 일했지만 1932년에는 1,720,000명의 여성들이 일하고 있다. 최근의 5개년 계획에 대한 수치들을 보면 변화는 좀 더 놀라운데, 계획 기간 동안 남성 노동자 수가 200% 증가한 데 비해 여성 노동자 수는 244% 증가했고 여성 노동자는 심지어 광산, 금속 공학과 같은 분야에도 진출하게 되었다.

글을 읽을 수 있는 여성들이 늘어났다는 것은 여성의 사회적 지위 역시 개선되었다는 것을 알려 주는 중요한 지표라 할 수 있다.

문자 가독률

	남성	여성
1918년	79.1%	44.1%
1931년	97.0%	92.8%

라브파크스Rabfacs(노동자 시설)에서 공부하는 여성 비율

1928년	1932년
등록 학생 중 15.6%	등록 학생 중 30.3%

"모든 요리사[14]들은 국가를 관리하는 법을 배워야 한다."라는 레닌의 이야기가 실제 현실화하고 있다. 여성들은 정부 조직 곳곳에 활발하게 참여하기 시작했다. 현재 소련에는 약 113,000명의 여성들이(도시 여성 20,000명, 시골의 여성 93,000명) 인민 재판관People's judge으로 활동할 수 있는 능력을 갖추고 있고 여성이 도시의 소비에트 회원의 1/4가량(309,000명)을 차지하고 있다. 소련의 최고 권력 기관인 '연합중앙행정위원회the Central Executive Committee of the Union'에서 일하고 있는 여성도 185명이나 된다. 여성은 인민위원회와 보조인민위원회Assistant People's commissars에서도 자리를 지키고 있다. 100명 이상의 여성이 레닌 훈장과 적기 훈장을 수여받았다.

11월 혁명은 여성을 국가의 노예 상태에서 소비에트 연합의 가장 높은 자리로 올려놓았다.

---

14. 여기서 '요리사'란 집안에서 요리를 하는 여성을 지칭함. (역자주)

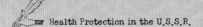

10장

어린이와 청소년에 대한 건강보장

차르 시대의 어린이 복지는 어린이 감염병 전문의가 아니라 일반 의사가 부가적 업무로 수행하는 학교 위생 감독의 형태로 극히 초보적인 방식으로만 존재했다. 학교 위생 감독을 담당하는 일반의들은 일 년에 한두 차례만 각 학교를 대충 점검했다. 그러나 소비에트 연합 하의 영유아와 어린이 복지는 이전과 완전히 다른 방식으로 범위를 확장하였다. 이는 어린이 행태 연구를 기반으로 개별 어린이와 전체 어린이의 상황을 개선시키기 위해서 고안된 사회 예방적, 사회 위생과 사회 교육적 조치들을 포괄하기 때문이다. 소비에트 연합 하에서 영유아와 어린이 복지의 목적은 어린이를 위해 위생적 관점에서 합리적인 삶의 방식과 교육 체계를 조성하는 것이다.

어린이를 보호하기 위한 조치

영유아와 어린이를 위한 복지는 다음 항목들로 분류될 수 있다.

- 위생 예방 : 어린이 관련 기관에 대한 위생 감독과 이 기관들의 업무 상태, 장비, 부지, 어린이에 대한 체계적 검사, 감염병에 대한 격리 조치, 예방 접종 등을 포함한다.

- 문화 위생 : 문화 위생의 범주에는 개인과 공공 위생 문제에 대한 어린이 대상의 교육, 위생 조치에 어린이의 활동을 포함시키는 것, 위생 교육 방법을 통해 어린이를 훈련시키는 것을 비롯하여 어린이 이외의 학부모, 교사, 일반 직원들에 대한 교육적이고 체계적 작업을 포함한다.

- 신체 발달에 대한 점검 : 일, 거주, 여가의 공간에 대해서 엄격하게 통제하는 것이다. 특별히 고안된 체조를 통해 건강에 유해한 노동 환경에 대응하고 어린이에 대한 정기적, 주기적인 신체 계측 검사와 어린이의 신체 활동에 대한 체계적인 건강 검진도 여기에 해당한다.

- 의학과 교육 이론에 근거한 교육 방법론의 연구 : 소비에트 연합 정책들은 어린이를 단순히 생물학적 유기체로 간주하는 것으로 충분하다고 생각했던 과거의 방식과 달리 어린이를 그 자체로 신체적, 정신 심리학적 성격을 가진 존재로 본다. 이 같은 검사는 개인이나 집단으로서 어린이를 바라보는 관점에서 예방적인 동시에 교육적이기도 한 다양한 정책의 출발점이다. 집단이라는 조직된 영향력은 어린이 혹은 청소년을 교육하는 최선의 교육 수단으로 여겨진다.

소위 '보조 학교Auxiliary School'라 불렸던 곳은 정신 지체 어린이를 위해 제공된다. 이러한 학교들은 프로그램상 교육 방식에서 보통의 학교들과 차이가 있다. 장애가 있는 어린이는 교육 기관인 동시에 의료 기관인 정신 신경학적 요양 학교Sanatorium School에 보내진다. 또한 연령대에 맞는 수업을 따라가지 못하는 어린이는 특별한 교육 방법으로 어린이를 가르치는 특수 학교에 보내진다.

어린이 진료소

어린이 복지와 관련한 기초 기관은 어린이 진료소 또는 단일 진료소 부속 어린이 부서이다. 도시에서 어린이 진료소는 보통 일반 소아 질환, 정신 신경과, 안과, 피부과, 이비인후과, 치과, 신체 계측과 등으로 구성되어 있고 시골의 진료소 조직은 좀 더 간단하다. 진료소는 가정에서 어린이의 상태를 관찰하는 방문 간호사들을 인력으로 두고 있다. '어린이 개방 놀이터'라는 공공 공간은 의학적 관찰과 치료, 엄격한 식이 조절을 필요한 어린이에게 제공한다.

아래는 어린이와 청소년 복지 기관의 네트워크가 첫 5개년 계획 기간 동안에 얼마나 발전했는지 보여준다.

	1927~8년	1928~9년	1929~30년	1931년	1932년	1933년
영유아와 청소년 복지 의학 담당관(의사)	892	1,483	1,856	2,768	3,179	1,420
요양소 (병상 수)	1,250	1,102	2,128	2,610	5,450	7,200
정신 신경과 요양학교(병상 수)	825	910	1,520	2,670	3,700	6,750
장애 어린이 요양소 (병상 수)	1,009	1,319	2,014	3,510	4,535	6,470
청년 노동자 요양소 (병상 수)	629	1,239	2,139	3,950	5,950	9,950
청년 선도대 캠프의 병원	754	1,359	6,030	4,035	6,030	8,850

앞의 네트워크는 아래 표에서 제시하고 있는 어린이와 청소년들을 위해 일하고 있다.

어린이 분류		1930~31	1931~32	1932~33
도시 : 학령기 전 연령		1,200,000	1,850,000	2,200,000
	초등학교와 중학교	2,653,050	2,873,420	3,106,320
	공장과 상업학교	300,000	500,000	1,000,000
농촌 : 학령기 전 연령		1,820,000	4,150,000	5,800,000
	초등학교와 중학교	7,063,360	7,865,800	8,800,000
	청년을 위한 집단농장학교	274,000	672,000	1,050,000
	청년을 위한 집단농장학교 야간	–	250,000	1,095,000

어린이와 청소년 복지를 위한 공중 보건

어린이와 청소년 복지를 위한 공중 보건 사업들은 '소비에트 보건의료부', '공산주의청년동맹', '청년선도대'와 그밖의 여러 공공 부문의 적극적인 참여로 진행된다. 약 5백만 명의 청년들(16~20세)로 구성된 청년 군인 공산주의청년동맹에서는 개인과 공공 수준에서의 위생 규칙을 준수하는 다양한 측면에서 귀감이 되었다. 청년선도대에 속한 약 6백만 명의 사람들은 '학교 안팎에서 선도대는 모든 어린이의 모범이다.'라는 구호에 맞도록 행동한다.

위에서 언급된 청년 사회주의자들과 선도대에서 일하는 의료와 교육 분야의 인력들은 인구 집단의 위생과 문화적 수준을 높이는 일에 믿음 직한 조력자들을 많이 가지고 있다.

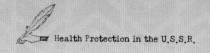
성병과의 투쟁

차르 시대의 유산

차르 정권은 새로 등장한 소비에트에 성병의 만연과 같은 비도덕적 유산을 남겨 주었다. 차르 치하에서는 성병으로 의료 기관을 찾은 환자들만 등록되었고, 게다가 당시 의료 기관 네트워크가 너무나 형편없었기 때문에 실제 환자 사례 모두 파악하는 것은 사실상 불가능했다. 몇 군데에서 종종 수행되었던 조사를 종합해 보았을 때 당시 도시와 농촌을 가릴 것 없이 전국에서 성병의 발병이 심각했음을 알 수 있는 정도였다.

농촌 지역에서 매독은 '성 관계 이외의 감염'이란 특수성을 가지고 있다.[15] 차르 시대 러시아의 농촌 생활은 성 관계가 아닌 방식을

---

15. 매독의 가장 중요한 전파 경로는 성 접촉이다. 그 외에 수혈이나 매독 환자인 엄마에서 태어난 어린이나 혈액을 통한 감염이 이루어질 수 있다. 위 설명처럼 식사를 통해 옮겨진다는 것은 당시 매독 관련 의학적 정보가 충분하지 않았음을 보여 준다.(역자 주)

통해 매독에 감염될 수 있는 많은 요인들이 있었다. 예를 들어서 농민 가족은 접시 하나에 음식을 담고 식사를 했는데, 이러한 상황은 가족 구성원 중 한 명이 전체 가족을 쉽게 감염시킬 수도 있는 원인을 제공했다.

또 다른 예는 당시 목동에게 돈 대신 노동에 대한 수당을 현물로 지급하는 관습을 들 수 있다. 예를 들어 돌아가면서 마을 사람들 집에서 식사를 제공하는 것인데, 이 같은 행위는 매독에 감염된 목동이 마을 사람들 전체를 감염시킬 수도 있게 하는 것이었다.

당시의 조사들은 마을 전체 혹은 특정 행정 구역의 상황을 이야기해 주고 있다. 몇몇 지방은 매독 감염으로 악명이 높았는데, 앞서 언급했던 성 관계 아닌 방식에 의한 감염이 마을에서 매독 원인 중에서 최고 80%를 차지했다.

소련의 성병

도시와 시골에서 이뤄진 문화의 전반적 개선이 성병의 급감, 특히 성 관계 이외 방식에 의한 매독 감염의 감소에 영향을 미치고 있는 것은 분명하다.

차르 시대의 통계 수치는 정확도가 떨어져 실제 모든 성병의 발병 건수를 나타낸다고 보기 어렵다. 반면 소비에트 시대의 통계는 거의 모든 발병 건수가 등록되기 때문에 정확하다고 볼 수 있다. 그럼에도 불구하고 혁명 전후의 통계치를 비교하면 성병 발병 건수가 급감했음을 알 수 있다. 다음 표에서 약 1만 명의 거주자들 중 매독으로 등록된 사람의 수를 확인할 수 있다.

	인구 1만 명당 등록 매독 환자 수
1913년	76.8
1914년	74.7
1928년	42.8
1929년	32.2
1930년	29.5
1931년	24.7

다음은 임질 등록 건수다.

	인구 1만 명당 등록 임질 환자 수
1914년	40.0
1928년	31.0
1929년	25.7
1930년	24.3
1931년	20.5

특히 모스크바의 통계치는 매우 의미하는 바가 많은데, 다음은 거주자 1만 명당 모든 종류의 성병(매독, 임질, 연성 하감 등)을 모두 포함하는 발병 건수다.

	인구 1만 명당 등록 성병(매독, 임질, 연성 하감 등) 환자 수
1926년	168.0
1927년	131.6
1928년	111.3
1929년	107.9
1930년	95.3
1931년	79.8
1932년	63.0

소련의 사회주의 건설이 성공한다는 것은 곧 성병에 대한 투쟁에서도 같은 의미를 지닌다. 문맹에 대한 투쟁, 교육의 성장, 문화와 교육 기관 네트워크의 성장 등이 모두 도시와 시골의 문화 수준을 개선하는 데 기여했고 이 같은 생활 환경의 개선은 사회적 질병이 근절되는 데 큰 역할을 하고 있다.

매춘 급감 역시 자연스럽게 성병 감소의 원인으로 작용한다. 혁명 전 통계가 정확하지 않다는 전제 아래 우리는 모스크바처럼 규모가 큰 도시의 정확한 수치를 통해서 비교해 볼 수 있다. 1903년 모스크바에는 인구 1,200,000명 중 1,259명의 일차 매독 발병 건수가 등록되었지만 1926년의 경우 인구 2,400,000명 중 1,116명만이 매독으로 등록됨으로써 발병률이 약 50%로 감소했음을 알 수 있다. 최근에는 그 수치가 매우 감소하여 의과대학에서 학생들에게 보여 줄 만한 매독 발생 사례를 찾기조차 어려울 정도이다.

성병 진료소

소련에서 성병 감염에 대한 투쟁을 성공적으로 이끈 중요한 요인은 의료 기관의 재조직 즉 '성병 진료소'에 있다. 우리가 앞서 살펴봤듯이 성병 진료소와 같은 곳의 기능은 필요한 사람에게 의료적 치료를 제공해 주는 단순한 것이 아니라 오히려 모든 감염 원인을 찾아 내고 이를 완전히 없애는 것이다. 소련의 성병 진료소 수는 계속 증가했는데, 1928년 특수 진료소 165개소가 러시아공화국에서 운영되었다. 같은 해 우크라이나에서는 80개소, 백러시아에는 11개소, 우즈베키스탄에는 9개소, 조지아에 6개소 그리고 아르메니아에 2개소가 있었다. 좀 더 단순한 형태의 진료소였던 '성병소venerological station'는 도시가 아닌 시골 지역에서 조직되었다.

이들의 기능은 도시의 진료소와 거의 비슷했지만 다른 점이라면 의료적 지원이 조금 덜 숙련되었다는 것과 성병소가 관할하고 있는 인구 집단의 수가 도시에 비해 훨씬 많고 흩어져서 분포하고 있다는 것이다. 1928년 러시아공화국에 이 같은 성병소가 166개소가 있었다. 성병 진료소와 성병소에 덧붙여서 성병 환자를 위한 병원 역시 꾸준히 증가했다. 이는 당시 집계된 성병 환자를 위한 특수 병상의 개수만으로도 알 수 있는데, 1927년 당시 병상 수는 러시아공화국에 6,149개, 우크라이나에 577개, 백러시아에 200개, 아르메니아에 65개가 있었다.

성병 관계 법령 제정

소련의 성병 투쟁에서 상징적인 지원 체계는 바로 소비에트의 법이다. 형사법 제155a에 의하면 '성병 감염 위험에 고의로 사람을 방치하는 행위'는 6개월의 징역에 처할 수 있다. 다시 말해 성병으로 고생하는 사람이 타인을 성병 감염의 위험에 노출시켰다면 감염이 실제 일어났는가 여부와 상관없이 기소할 수 있도록 규정하고 있다.

법은 건강 보장 기구나 진료소 등에서 성병으로 의심되는 모든 사람들을 의무적으로 검사하도록 했고 그들에 대한 의료 제공을 의무화했다. 또한 결혼을 앞둔 사람들은 서로의 건강 확인증을 교환하도록 권고하고 있다. 이 모든 조치들을 통해서 머지않아 소련에서 성병이 완벽하게 박멸될 것임을 충분히 예상할 수 있다.

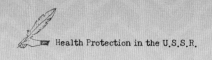

매춘과의 전쟁

매춘을 억제하는 사회 경제적 조치

매춘에 대한 소련의 투쟁은 사회주의 건설을 통해 매춘의 원인을 완벽하게 제거하는 데 기반하고 있다. 이는 11월 혁명 이후 곧바로 여성들을 사회의 각 영역에 체계적으로 투입함으로써 시작되었다. 구체적으로는, 사회 경제적으로 완벽한 여성 해방 운동, 모성 보호 기관의 급속한 성장, 이와 병행하여 이혼, 별거 등과 같은 상황에서도 모자에 대해 제공되는 사회·사법적 보호 등이 그것이다.

소비에트 연합에서 실업이 사라지고 여성 노동에 대한 수요의 지속적 증가, 고등 교육 등 여성들의 능력을 체계적으로 기르는 것(특정 능력을 기르는 특수반, 공장 학교 체계 등) 같은 요소들이 모두 매춘의 뿌리를 단호하게 끊어 버리는 데 기여하고 있다.

그러나 사회적 현상으로서 매춘에 반대하는 이 같은 방법들은 결코 위생과 행정 조치들의 필요성과 분리될 수 있는 것이 아니며, 이를 덜 중요하게 만드는 것도 아니다. 따라서 반매춘 조치들을 기획하고 수행하려는 목적으로 11월 혁명 직후 '매춘억제 공동위원회'가 조직되었다. 공동위원회는 보건인민위원회, 혁명군, 사회복지인민위원회, 노동인민위원회, 사법인민위원회, 노조중앙위원회 그리고 여성 단체들의 대표로 구성되었는데, 구성된 공동위원회는 보건인민위원회에 소속되어 1922년 현재까지 소련의 매춘 억제 운동의 기초적 주제들을 담고 있는 회보를 발간하고 있다. 공동위원회의 원칙과 기능의 분담은 다음과 같다.

보건인민위원회는 매춘을 통해서 전염되는 성병과의 투쟁, 그리고 성병의 치료를 담당한다.

사회복지인민위원회는 건강한 '전문적 매춘'의 개혁과 노동 훈련 등을 담당한다. 왜냐하면 가난하거나 집이 없어서 매춘의 길로 들어설 수밖에 없었던 여성 이외에 분명 사회적으로 필요한 일을 하기보다는 매춘부로서의 '쉬운' 삶을 선호했던 여성들도 존재했기 때문이다. 소비에트 정부는 이러한 '전문적 매춘자'를 반사회적 요소 또는 '노동 탈영병labour deserters'으로 간주하면서 퇴치 작업을 진행하고 있다. 이런 사람들은 노동 교정소로 보내지고 그 곳에서 노동 체제, 교육 활동, 사회주의적 경쟁(노동 결과물의 향상, 가장 빠르고 성공적인 노동 개혁을 위해서 경쟁이 독려된)에 대한 재교육을 받는다.

노조중앙위원회와 산하 기구들의 업무는 실업 여성에게 일자리를 찾아 주는 것이다. 매춘의 길로 빠질 위험이 있는 여성과 소녀들에 대한 세심한 접근과 따뜻한 지원이 제공되고 정책 목적을 달성하기 위해서 이들이 노동자로서 자격과 기술을 갖출 수 있게 하는 조치들이 행해진다.

법률 제정

사법인민위원회는 일련의 법률을 제정했다. 이로써 도입된 형사법 169a 조는 '여성을 선동하여 물질적으로 의존하고 있거나 종속되어 있는 사람과 관계를 맺도록 하는 사람은 최소 3년 이하의 징역에 처한다.'는 내용을 담고 있다.

이 같은 내용은 155a 조에서 좀 더 폭넓게 확대되었는데, 앞서 언급되었던 것처럼 '간접적이든 직접적이든 타인을 성병 감염 위험에 노출시킨 사람은 구속되거나 최장 6개월 의무 노동에 처한다.'라고 규정하고 있다.

그밖에도 매춘 억제와 성병 박멸에 대한 내용을 담고 있는 기타 여러 조항들이 존재한다.

매춘하는 사람들에 대한 반대 캠페인

여성 단체들은 정치 교육적 활동을 통해 매춘에 대항하고 있다. 예를 들어 사회주의 건설의 성공과 매춘이 얼마나 모순인지 여성들에게 설명하고 노조 활동이나 기사를 통해서 '매춘의 주범'인 남성들을 계도하고 있다.

1924년 사법인민위원회의 기관지를 통해 출판되었던 한 기사를 통해 보면 당시 시민군은 몇몇 의심스러운 매춘 지역에 대해서 엄격한 통제를 책임지고 있었고, 강력한 처벌을 통해 불법적으로 매춘 시설을 설치하려는 업주들의 시도와 맞서 싸우고 있었다. 그러나 시민군은 보통 경우처럼 '일제 소탕' 방식으로 매춘에 대응하는 것을 금지했다. 소련에서 투쟁이라는 것은 개인 매춘부에 대한 것이 아니었고 사회적 현상으로서 매춘에 대해 이루어졌기 때문이다.

노동 예방소

성병 진료소 이외에 노동 예방소라는 건강 증진 기구는 매춘에 대항한 투쟁에서 또 다른 중요한 무기이다. 병에 걸린 매춘부들이 가게 되는 이곳은 옷을 만들거나 책을 제본하거나, 혹은 자물쇠나 종이 가방을 만드는 다양한 작업장을 갖추고 있다. 매춘부들이 병에 걸린 것을 진료소가 발견하게 되면 즉시 이런 예방소로 보내지는데 이들은 예방소에서 일하고 번 돈으로 생활을 하면서 무료로 치료를 받을 수 있다. 일을 시작한 초기에 월급이 충분치 않으면 부족분을 기관에서 보조해 준다.

모든 예방소에는 소비에트 여성 대표 의원과 성병 진료소의 대표들로 구성된 공공위원회가 있다. 공공위원회는 예방소에 거주하는 매춘부들을 돌보고 이들을 도덕적, 물질적으로 돕는다. 매춘부가 완전히 회복되고 직업 재교육도 마친 경우, 위원회는 매춘부들이 공장에서 직장을 가질 수 있도록 알선해 준 뒤 다시 매춘 일을 하지 않도록 일정 기간 이들을 감독한다.

이 같은 노동 예방소는 매춘과 성병에 대항한 투쟁에서 큰 역할을 하고 있었고 1929년 러시아공화국에만 20개가 넘었다.

소련에서 매춘 관련 어떤 일들이 일어났을까? 이미 언급된 바와 같이 소련에서 매춘을 합법화하지 않았기 때문에 정확한 자료를 가지고 위 질문에 답하기는 어렵다. 매춘에 대한 소비에트의 관점에서 매춘이 합법적으로 등록된다는 것은 모순되는 일이기 때문이다.

하여튼 보건인민위원회, 시민군 당국, 사회복지인민위원회와 기타 기관은 소련의 매춘이 급감했다는 데 모두 의견을 같이 하고 있다. 이것은 매춘부들의 성 관계로 인해 발생된 성병 감염의 건수와 같은 통계 수치에 기반을 둔 것이다. 1914년 모스크바에서는 56.9%의 성병 건수가 성 관계에 의한 것이었는데, 1924년에는 이 수치가 31.7%, 1931년에는 9.8%까지 줄어들었다. 고르키 시의 경우 7%까지 감소했다고 보고되었는데, 이러한 경향은 다른 거대 도시에서도 마찬가지였다.

향후 전망

국가 전체적으로 성병의 발생은 눈에 띄게 줄어 들었다. 매춘과 투쟁을 통해서 사람들은 성병에서 자유로워졌다. 이러한 성공은 소련의 5개년 계획이 끝날 무렵 매춘을 완전히 근절하는 데 도움을 주었고 이는 곧 소련이 계급 없는 사회를 이룩하는 것과도 관련이 있다.

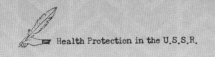
알코올 중독과의 전쟁

열악한 상황으로 인한 사회적 현상

우리는 소련에서 '술 취함'을 사회적 상황에 따른 현상으로 바라
보고 있다. 나쁜 주거, 불충분하고 다양하지 못한 식생활, 문화적 휴
식의 부족, 그리고 이러한 휴식과 오락에 대한 수요 부족 등 모든 조
건들이 술 취함의 주된 요인으로 작용하고 있다. 현상의 원인을 어
떻게 보느냐에 따라 대응 방식이 달라진다. 소련의 경우 내전 기간
중에는 술을 만들거나 판매하는 것이 법적으로 금지되었다.

그러나 술 판매에 흥미가 있는 자본가가 없었음에도 불구하고 금
주령은 소련에서 술 취함을 근절하는 데 실패했다. 오히려 알코올
중독이라는 사회적 특징은 더 뚜렷하게 드러났다. 술이 금지되자 사
람들은 '가정에서 만든 술home brew'[16]과 같은 대체재에 의존하였다.

---

16. 집에서 증류된 것으로서 일반적으로 40도가 넘는 독한 술.

가정에서 만든 술이 사회에 만연하게 된다는 것은 국가 경제에 큰 손실일 뿐만 아니라 국민 건강에 직접적인 해악을 가져왔다. 가정에서 만든 술은 퓨젤 유fusel-oils의 함유량이 높고 정제되지 않았기 때문에 마시는 사람들의 건강에 치명적인 악영향을 끼쳤고 일부의 사람들은 음주로 인해 사망에 이르기도 했다.

게다가 가정에서 만든 술은 아주 원시적인 환경에서 주로 보리와 같은 곡류에서 증류되었기 때문에 종종 대규모 생산 시설에서 증류될 때보다 더 많은 양의 곡류가 사용되었다. 예를 들어 1923년 가정에서 술을 생산하기 위해 약 655,200톤의 곡류가 낭비된 것으로 추정되는데, 이는 같은 양의 보드카를 만드는 데 필요한 곡류의 양보다 훨씬 많은 수치이다.

가정에서 만든 술이 퍼져 나가고 이것이 점차 불법적으로 유통됨에 따라 소비에트 정부는 금주령이라는 조치들을 포기하고 알코올 중독과의 투쟁을 위해 좀 더 심도 있는 사회적 방법을 사용할 수밖에 없었다. 이러한 방법들에는 위생 교육, 알코올 중독의 위해성에 대한 설명, 군중의 문화적 수준 제고, 건강하고 흥미로운 문화적 여가 방식의 도입 등이 포함되었다.

'술 취함'에 대항하는 사회적 방법들

체육과 스포츠, 여행과 그룹 탐험 등의 발달, 동호회 문화의 발달, 영화나 연극 문화에의 접근성 향상, 그리고 집단 급식소와 비알코올 음료의 생산 증가는 노동자 건강의 보편적 향상[17]과 함께 소비에트

---

17. 7시간제의 도입, 노동 조건의 개선, 물질적 복지, 주거 조건의 개선 등.

연합에서 술 취함에 대항하는 사회적 조치의 기본적 특징이었다. 반알코올회, 노조, 공공 기관들 역시 같은 방향성을 가지고 일했다.

알코올 중독에 대처하기 위해서 입법적 조치들도 취해졌다. 중독자들이 의무적으로 의학적 검진을 받도록 하거나 광부에게 술 판매를 금지하는 조항들이 있다. 또한 휴일에 알코올음료 판매를 금지하는 법이 만들어졌고 시민 회의에서 동의하는 경우 알코올 음료의 판매를 완전히 금지시키기도 한다.

이러한 조치의 결과는 고위험 음주군의 감소로 이어졌다. 알코올 음료의 생산과 분배 등을 담당하고 있는 주 기구인 '국가정신트러스트State Sprits Trust'가 산출한 통계 자료를 보면 소비에트 연합의 1인당 알코올 소비량은 1925년 약 0.88리터였는데, 비슷한 시기 스페인의 1인당 알코올 소비량은 15.8리터(1922년), 독일의 2.74리터(1929)였다. 차르 시대에는 사람들이 월급의 28.6% 가량을 보드카를 사는 데 썼는데 이 수치는 1926년 들어 2~3%로 줄어들었다.

소비에트 정부는 알코올 중독과 같은 주된 사회악이 사회주의 건설의 발전을 통해 완전히 종식되리라 믿고 있다.

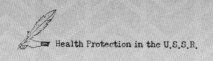

14장

집단과 국영 농장의 건강보장

이미 언급된 바와 같이 집단 농장이나 국영 농장의 성장은 농촌 지역에서 보건 교육과 의료적 지원의 발전에 매우 중요한 요소이다.

농촌에서의 새로운 삶

국영 농장은 곡류, 우유, 고기 또는 가금류 등을 대량으로 생산하는 공장으로 정의될 수 있다. 국영 농장에 고용된 모든 사람들은 사회보험의 대상이다. 그리고 사회적 보호를 위한 기여금[18]은 노동자 개인의 기여 없이 전적으로 농장이 지불하고, 기금은 국가나 지방 정부 예산으로 일정 수준 보조금을 받아, 주로 노동자 의료비에 사용한다. 국영 농장의 대부분은 수백, 수천 때로는 수만 헥타르에 이른다.

---

18. 보험료.(역자 주)

북부 캅카스에 있는 자이간트 국영 농장은 128,000-285,000헥타르에 달한다. 자이간트 농장에서 일하는 노동자들은 대부분 신축된 것과 다름없고 가구가 잘 갖춰진 집에 산다. 이들은 집단 급식, 공중 목욕탕, 공용 빨래방, 탁아소, 유치원, 병원, 진료소 등을 제공받는다. 국영 농장은 사실상 '농업 도시'라 할 수 있고 다른 국영 농장들의 경우도 비슷한 방법으로 발전하고 있다.

대규모 농장에 대한 의료 지원

다음에 나오는 표는 국영 농장에서 일하는 노동자들에게 제공되는 의료 지원의 발전을 보여 주는 것이다.

형태	1930년	1931년	1932년
진료소	577	820	1,046
병원	504	599	763
결핵 진료소	–	114	227
성병 진료소	–	387	591

집단 농장이라는 조직은 문화적 수준을 향상시켰고 '생활의 집단주의화'를 선도하고 있다. 집단 농장은 새로운 집, 병원, 학교, 목욕 시설을 짓고 새로운 우물을 만든다. 공공 식당, 세탁소, 탁아소, 어린이의 놀이터, 유치원, 동호회, 그리고 그밖에 다양한 형태의 문화적, 물질적 복지 서비스를 도입하였다. 또한 대규모 농장들은 각종 기계, 인공 비료, 작물 생산의 과학적 순환과 농업 기술의 개선 등을 통해 소규모로 일하던 때보다 농민들에게 더 많은 생산량을 안겨

주고 있다.

집단 농장에서 일하는 농민들의 물질적 복지도 매년 발전하고 있다. 이것은 문화, 건강한 삶 그리고 차르 시대 시골에서 보편적이었던 중세적 위생 환경의 근절에 대한 갈증을 불러일으켰다. 예를 들어 집단 농장의 농민들 스스로가 집단화에 의한 변화들을 다음과 같이 기록하고 있다.

북 캅카스 지역 집단 농장 농민이었던 야콥 스코리키 씨는 "올해 나와 내 가족들은 1,250푸즈poods[19]의 수확을 얻었다. 이것이 부가 아닌가? 우리는 이미 소와 재봉틀을 샀다. 가족들 모두 부츠 2켤레씩을 가지고 있고 세 가지 다른 신문들을 구독하고 있다. 그리고 내가 일하는 집단 농장의 모든 농민들은 라디오 세트도 가지고 있다." 라고 말했다.

이전에 농장에서 일하던 타타르인 후즈누트디노프 씨도 타타르 공화국에 대해 다음과 같이 기술했다. "나와 내 가족들은 311푸즈의 곡물을 거뒀다. 만약 내 아버지와 할아버지가 내가 오늘날 어떻게 살아가는지 아신다면 그분들은 기적이라고 여기실 것이다. 내게는 내 소유의 집, 소, 송아지와 닭들이 있고 입을 옷도 있다." 그의 아들은 다음과 같이 묘사하고 있다. "나는 책과 신문을 주문할 것이다. 그리고 나는 좋은 옷 한 벌, 외투, 부츠를 차려 입고 기타를 살 것이다."

1917년 11월 혁명 전 당시 가장 저개발 지역 중 하나였던 츄바쉬아Chuvashia에 있었던 '계몽'이라는 집단 농장의 구성원들은, 차르

---

19. 구소련의 무게 단위로 1pood=16.38 kg.(역자 주)

시대 대지주들이 몰아넣었던 진창에서 벗어나 건강한 장소로 거처를 옮겼고 새로운 집과 시설들(축사, 마구간 등)을 지었다. 이들은 학교, 공동 식당, 탁아소, 유치원, 여인숙 등도 새롭게 지었다. 이러한 일들은 집단 농장이 있는 곳에서는 보편적인 일이 되었고 농민 세대주의 65.4%가 집단 농장화하고 있다.

집단 농장 부지는 매년 증가하고 있다. 우리는 이미 농업적 도시(농촌 지역에 있는 도시형 거주지)의 조직에 대해서 언급한 바 있다. 집단 농장의 농민들은 낡은 집이나 건물을 관공서 근처의 새로운 집과 건물로 이전하기 시작했다. 여기서도 별채, 축사, 마구간, 창고, 낙농장, 학교, 진료소, 산후 조리원, 병원, 진료소, 탁아소, 유치원, 산모를 위한 클리닉, 공고 식당, 목욕탕, 세탁소 등이 세워지고 있다. 따라서 전체적인 농촌 마을이 성장하고 있다.

현장에서의 의료 서비스

모종, 수확 등의 바쁜 시기에 집단이나 국영 농장에서 특별한 의료 서비스를 제공한다는 것은 아주 흥미로운 일이다. 의료 서비스가 현장에서 바로 지원된다. 현장에는 임시 진료소, 탁아소, 식당 등이 바로 세워진다. 예를 들어 러시아공화국의 경우만을 추산했을 때, 1933년 봄 파종을 하던 시기에 14,900개의 현장 진료소가 조직되었고 같은 해 수확 시기에는 18,000개로 그 수가 늘어났다. 1933년 7월 말에는 약 4,492,200명의 어린이를 위한 임시 탁아소가 세워지기도 했다.

이같이 의료 지원이 노동 현장으로 이동하는 것은 건강 증진을 위헤 매우 중요하다. 집단 농상이나 국영 농장의 농민들이 아프거나 사고가 난 경우, 신속하고 효과적인 치료를 받을 수 있기 때문이다. 반면 이러한 건강보장 조직들은 경제적 의미도 매우 크다.

농민들은 가장 가까이 있는 의사를 찾아가기 위해 먼 시간을 이동하지 않고도 바로 현장에서 진료를 받을 수 있다. 여성들도 어린이를 탁아소에 맡기지 않아도 된다. 작은 마차가 현장으로 오기 때문에 굳이 여성들이 일하는 현장을 벗어나지 않고도 어린이를 돌볼 수 있도록 해 주었다.

집단 농장의 농민들은 일한 날에 비례하여 수확을 분배받기 때문에, 어쩔 수 없이 일하지 못하게 되는 경우가 감소하면 그의 소득이 증가하고 물질적 복지도 개선된다.

지방의 집단 농장화, 그 전 과정은 더 많은 물질적 복지, 더 높은 문화적 수준을 가져오면서 새로운 삶을 창조하는 데 필요한 적극적이고 열성적인 노동자들로 구성된 농민 집단을 만들었다. 집단 농장과 국영 농장의 수천 명 노동자들이 자원 봉사자로 공중보건 활동에서 활약하고 있다.

집단 농장의 농민들은 지속적으로 부를 지향한다. 이들은 새롭고 건강한 삶을 만들어 내느라 분주하다.

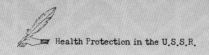

15장

비러시아 지역과 공화국에 대한 건강보장

차르 치하에서 국가적 소수자에 대한 정책의 후진성

소수 민족이 살고 있는 지역에서 행해졌던, 구 체제(차르)에 의한 자본주의적 착취는 탄압받던 소수 민족을 노예 같은 종속과 빈곤의 상태로 몰아넣었다. 이것은 결국 러시아 영토 널리 뻗어 있는 지역들에 대해 심각한 유행병의 만연과 같은 상황을 가져왔다. 매독, 폐결핵, 트라코마, 어린이 질병 등은 많은 소수 민족의 퇴보를 가져왔다. 당시 탄압받던 국가들은 아예 의료적 지원을 받지 못하거나 체감하기 어려울 정도로 부족하게 제공받았다.

예를 들어 250만 인구가 살고 있는 오늘날 아제르바이잔이라고 불리는 지역에서는 고작 병상 수가 300개가량이었다. 그리고 이런 병상들은 거의 대부분이 도심 지역에 위치하고 있어서 조금 먼 농촌 지역에 사는 사람들은 사실상 그 어떠한 의료적 도움도 받을 수 없는 상태였다고 할 수 있다. 투르키스탄과 같은 드넓은 영토에서도 병원이 손에 꼽을 정도로 열악했으며 도시에서 떨어져 시골에서 살아가던 사람들은 의약품을 거의 구할 수 없었다. 시베리아 지역의 투르칸스크라는 곳에서는 의사를 찾아볼 수가 없었는데, 이 지역 사람들이 의사가 제공하는 의료적 서비스를 받을 수 있는 경우는 차르 정부가 다스리는 지역에서 추방을 당한 의사들이 있는 특수한 경우에 한해서였다. 캅카스 사람들의 대부분도 종류를 불문하고 그 어떠한 의료적인 도움에서 소외된 상태였다.

소비에트 정부의 정책

11월 혁명 이후 특히 첫 번째 5개년 계획 기간에, 소비에트 정부는 레닌과 스탈린이 기초를 세워 놓은 소수 민족에 대한 정책[20]을 집행하게 된다. 건강보장의 차원에서도 이 정책이 실행되었다.

사람들이 의사를 찾지 않고, 모든 것들이 약을 파는 상인이나 동네의 돌팔이 의사에 맡겨져 있던 곳에 점차 의사와 산파가 등장하고 병원, 결핵 진료소와 성병 진료소 등이 세워지고 있으며 탁아소는 물론 여성과 어린이를 위한 클리닉이 조직되고 있다. 소비에트 연합의 공산당 제15차 회의를 통해 소수 민족으로 이뤄진 공화국이나 지역에 대한 1차 5개년 계획의 방향성은 다음과 같이 정했다.

"5개년 계획은 저개발 지역의 경제와 문화 성장 문제에 좀 더 특별한 관심을 기울여야 한다. 이들의 경제적, 문화적 후진

---

20. 이 정책은 '레닌의 민족 정책The Lenin Nationalities Policy'이라는 이름으로 알려져 있다.

성을 종식시키기 위해서는 곧바로 경제적, 문화적 발전을 가속
화할 필요가 있다."

급속한 발전의 기록들

자치 공화국[21] 의료 분야의 빠른 발전은 아래 표에서 잘 드러난다.

자치 공화국	병상 수		
	1927년	1929년	1931년
야키타	No figure	395	625
카자흐스탄	1,242	4,283	5,444
비랴트 몽골리아	510	575	722
카렐리아	708	756	1,227
저먼 볼가	756	785	840
츄바쉬아	977	1,109	1,170
타르타르	3,167	3,926	4,882
바쉬키리아	2,918	3,015	3,910

위의 지역들은 1923년에 이르러서 결핵 진료소 43개소, 종합 진
료소 9개소와 60개의 결핵 요양소, 병상 수 2,785개, 성병 진료소 35
개소와 성병소가 94개로 늘어났다. 이런 모든 조치들은 저개발 지
역에 대한 문화적, 경제적 기준을 제고하고자 하는 소비에트 정부의
일반 정책과 함께 이 지역의 유병률을 급속하게 낮추는 데 기여했
다. 성병의 발생률은 차르 시대와 비교했을 때 약 60%가량 감소했

---

21. 소련은 두 가지 종류의 공화국으로 구성되어 있다는 사실을 기억할 필요가 있다. 하나는 러시아
공화국, 우크라이나, 백러시아, 트랜스캅카스, 우즈베키스탄, 투르크메니스탄, 타지키스탄 등의 연
방 공화국federated republics이고 다른 하나는 연방 공화국의 자치 부분에 해당하는 자치 공화국
autonomous republics이다.

고 천연두는 사실상 거의 박멸되었다. 당시 널리 퍼져 있던 실명의 원인인 트라코마도 많은 지역에서 사라졌다.

대규모 문화 센터의 과학연구소가 주는 각종 지원들은 저개발 지역에 매우 중요하게 작용했다. 결핵연구소의 경우 전문의들을 위 지역에 파견하여 결핵의 전파 원인에 대해 연구하고 필요한 도움을 조직하는 방법에 대해 모색하고 있다.

성병과 기타 연구소들은 비슷한 방식으로 그들 분야에서 기여하고 있다. 문화 센터들의 적극적 지원으로 저개발 지역의 문화적 수준은 빠른 속도로 향상되었다.

이미 언급했듯이 차르 치하 유목민들은 사실상 의료적 지원에서 거의 소외되어 있었다. 그러나 소비에트 정부에 들어서 이동하는 현장 병원, 진료소, 산후 조리원, 탁아소 등이 조직되었고 이것들은 유목민들과 함께 이동하면서 숙련된 의료 서비스를 제공했다.

그 이후 유목민들의 캐러밴 사이로 적십자사의 마차를 볼 수 있으며 이런 의료적 서비스를 이제껏 받아본 적이 없는 유목민들이 아주 기뻐하며 수용했다는 것은 놀랄 만한 일이다. 이러한 적십자 마차는 영토 북쪽 끝을 중심으로 이동하는 유목민들에게도 지원되고 있다.

여성의 해방

위에 언급된 조치들은 비러시아(조지아, 아르메니아, 타르타르, 우즈베크 등)의 여성에게 가장 큰 영향을 미친 것으로 보인다. 차르 시대 비러시아권 여성들, 즉 소수자 여성들은 재정적 압박, 각 분야에서의 권리 침해, 셀 수 없이 많은 관습과 종교적 미신들로 인해 매우 힘든 상황에 처해 있었다. 소수자 여성들은 파란댜parandjah라고 불리는 말 털로 만들어진 베일로 얼굴을 가려야 외출이 가능했고 그 외출마저도 남편의 허락 없이는 불가능했다. 그러나 오늘날 많은 수의 여성들은 수백 년 간의 낡은 관습이었던 파란댜를 버리게 되었다.

건강보장을 위한 소비에트 체계는 소수자 여성을 해방시키는 데 적지 않은 역할을 하고 있다. 탁아소, 진료소, 공공 식당을 드나드는 행동이 바로 여성들을 집안 일의 노예라는 속박으로부터 벗어날 수 있게 하는 것이기 때문이다.

이런 곳은 주방 일과 보육에서 여성을 해방시킴으로써 곧 그들이 사회 생활을 할 수 있고 사회적으로 유용한 노동을 할 수 있게 한다. 오늘날에는 적지 않은 수의 여성들이 사회적인 일을 갖고 있으면서 동시에 학업을 병행하고 있는 것은 물론 국정에서도 높은 직책을 맡아 수행하고 있다.

차르 시대와의 비교

결론적으로 우리는 차르 시대에 각 소수 민족 공화국들이 누릴 수 있는 건강 관련 권리[22]와 소비에트 시대에 얻게 된 권리를 비교하여 살펴보기 위해 몇 가지 사실을 좀 더 인용해 보기로 한다. 차르 시대에는 오늘날 타지크 소비에트 공화국이 점유하고 있는 영토 전체에 고작 60개의 병상만이 있었으며 이것은 결국 의료 서비스가

---

22. 사실 누리지 못했던 권리라 하는 것이 맞을 것이다.

사실상 전무했음을 보여 준다.

그러나 오늘날 이 공화국에서는 병상 수가 2,625개로 증가했고 도시의 탁아소가 2,700여 명의 어린이를 돌보고 있다.[23] 또한 20개 가량의 병원이 세워지고 건강 요양소도 개발되었다. 투르크만공화국 지역에서는 차르 시대에 고작 병상 수가 277개밖에 없었지만 이제는 2,320개가 넘는다.

1917년 사회주의 공화국과 연합되었던 트랜스캅카스 소비에트의 경우 병상 수가 1,317개밖에 안 되었지만 1932년 그 수가 16,403개로 증가했다. 의사 수 역시 1913년 747명밖에 안 되던 것이 1930년에는 3,144명으로 늘었다. 우즈베키스탄은 1913년 의사 수가 128명에서 1930년에 1,539명으로 증가했다.

위와 같은 변화들은 건강보장 분야에서 레닌의 소수 민족 정책이 가져온 성공적 결과물이다. 이를 통해 볼 때 그는 소수 민족의 현대 민속사(이들의 이야기, 노래, 서사시)에서 가장 유명한 사람, 즉 전설 같은 영웅이 되고 있다.

---

23. 시골의 경우 정규 탁아소에서 1,000명, 계절 탁아소에서 30,000명이 돌봄을 받고 있다.

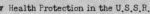

사회보험

사회보험의 도입

1917년 11월 혁명이 일어나고 정확히 5일 뒤 소비에트 정부는 다음과 같은 선언을 발표했다.

"노동자와 농민의 정부는 소비에트 노동자와 농민 대표자의 강력한 지지를 받아 러시아의 노동 계층은 물론 도시와 시골에 거주하고 있는 모든 가난한 사람들에게도 다음과 같은 노동 계층의 근본적인 요구들에 부합하는 완벽한 사회보험의 신속한 시행을 위해 준비하고 있습니다."

- **첫째,** 임금 노동자들은 보험으로 보호를 받는다.
- **둘째,** 보험은 이른바 모든 장애 상태에 적용된다.(질병, 상해, 장애, 노령 등.)

- 셋째, 모든 기여금[24]은 사용자들에 의해 완전히 지불된다.
- 넷째, 노동자들이 처하게 되는 실업 상태와 장애의 기간 동안 임금의 전액을 받는다.
- 다섯째, 보험 조직은 보험 가입 노동자의 완전한 자치 운영으로 이루어진다.

위 내용은 연이은 세부 포고령을 통해 소련 사회보험의 기초로 정립되었다.

사회보험 기금의 재원

사회보험을 위한 기금은 전적으로 노동자를 고용하고 있는 측에서 지불한다. 즉 피고용자 자신은 사실상 사회보험에 대한 자기 부담금을 전혀 지불하지 않는다. 보험금은 각기 다른 산업체의 위험성이나 유해성 등의 정도에 따라 다르게 부과되는데, 당시 전체 소련에서 기금 보유량의 평균은 전체 임금 총액의 약 12.5~13%가량이었다.

그러므로 이 기금은 노동자들의 진료와 치료비, 장애 수당, 병약한 환자와 노인에 대한 연금 등으로 사용된다. 또한 기금은 노동자들의 문화적, 생활의 필요를 충당하기 위해서도 사용된다. 예를 들어 의료 지원, 요양소, 보건 휴양소, 주택 건설, 모자 보건과 어린이 복지, 공중 화장실과 세탁소의 설립 등이 여기에 해당된다.

---

24. 보험료.(역자 주)

첫 번째 5개년 계획에서 사회보험

다음은 1928~32년의 첫 번째 사회보험 5개년 계획에 관한 것으로 사회보험의 범위와 역할에 대해 개괄해 준다. 보험 가입자는 1928년 9,855,000명에서 1932년 20,700,000명으로 증가했고 그에 따라 같은 기간 사회보험 기금 역시 아래와 같이 증가했다.

연도	기금 (단위 : 백만 루블)
1928~29년	1,263
1929~30년	1,667
1931년	2,614
1932년	4,120

첫 번째 5개년 계획(실제로는 4년 3개월) 기간 사회보험은 약 4배 증가했다고 볼 수 있다. 최근 실업률 저하로 실업 수당으로 지급되던 부분이 노동자의 문화적, 일상적 필요에 의한 항목으로 쓰이고 있다. 아래 표는 어떻게 기금이 사용되었는지 보여준다.

항목	기금 (단위 : 백만 루블)	
	1931년	1932년
탁아소	20	87.5
유치원	14	24
학교	6	15
우유 주방,	2	3
요양소, 보건 휴양소,, 휴양소,,	123.6	174
주택 건설	351.6	750
의료 지원 (의료비 지원)	479.2	701.5
노령 연금	18	—

한편 실업률의 감소와 이에 따른 실업 수당의 지급 감소는 결국 연금이나 기타 사회보험금 지출의 증가가 둔화된다는 것을 의미한다. 반대로 같은 기간 동안 공동 원조나 현물 원조(위에서 언급된 사회문화적 경비)가 아래 표에서 볼 수 있는 것처럼 훨씬 빠른 속도로 증가하고 있음을 보여준다.

보험 기금의 증가 (단위 : 백만 루블)

	1929~30년	1931년	1932년
연금과 기타 사회보험 수당	770.1	925.7	966.5
사회 문화적 원조	605	1,179.3	1,189.5

1933년 사회보험 예산은 도합 45억 루블을 넘어섰다. 이를 상세하게 분석하면 일시적인 장애 수당 지급에 8억 루블, 연금으로 5억 3천만 루블, 각종 요양 시설(요양소, 보건 휴양소, 휴양소)에 2억 루블, 노동자들이 거주할 수 있는 집을 짓는 데 약 6억 루블, 그리고 어린이 보육 시설을 운영하는 데 1억 9천만 루블 등이 사용되었다.

한 가지 알아 두어야 하는 점은 사회적, 문화적 필요를 충당하기 위해 사회보험 기금에서 할당한 금액의 총합은 국가와 공공 조직(예를 들어, 노조)에서 같은 목적으로 지급되는 비용을 추가 지원했다는 점이다. 게다가 사회보험 기금에서 할당량은 온전히 임금 노동자에게만 적용되는 것이다. 사회보험 기금에서 지원되는 의료비 지출도 중앙과 지방 정부의 건강보장 담당 부서에서 지급되는 총액과 별도로 지급된다.

이 같은 현상은 모자 보건과 어린이 복지, 요양소 등에도 해당된다. 공중목욕탕과 세탁소를 짓는 데 쓰이는 사회보험 기금의 일부도 지방자치 단체에서 같은 목적으로 지출되는 금액을 부분적으로 보조했다. 학교에 다니는 어린이를 위한 사회보험 지출도 교육 당국의 지출을 보완한다. 노동자들이 거주할 수 있는 집을 짓는 데 필요한 재원은 몇몇 경제 단체의 지원과 함께 주로 주택건설 협동조합의 회원들로부터 받는다.

기금과 서비스의 지속적인 확장

위에서 제시되었던 사실로부터 알 수 있듯 소비에트의 사회보험은 노동자들의 문화적, 생활적 필요를 충족시키는 데, 특히 의료 서비스의 영역에서 가장 앞서 나가고 있고 최우선적으로 시행되고 있다. 매년 사회보험 기금 중에서 수백만 루블이 의료 서비스 분야에 지출되고 있다. 또한 의료 서비스 분야보다는 규모가 작지만 건강보장 기구처럼 인구 집단을 위한 예방적이고 치료적인 계획이 있는 곳에 사용할 수 있도록 수만 루블이 할당되고 있다.

이러한 기금의 규모는 해를 거듭하면서 증가하고 있다. 1929~30년간 사회보험 기금에서 의료비로 지출되었던 약 2억 5,500만 루블은 1932년에는 7억 1백만 루블로 증가했다. 전체 건강보장 예산에서 사회보험이 차지하는 비율 역시 1928~9년의 42.1%에서 1932년에는 48.1%로 증가했다. 1917년 선언에서 언급했던 '보험 가입자의 완전한 자치'를 충분히 현실화한 것이다. 지방에서 보험 관련 행정 관료들은 보험 가입자인 노동자들이 직접 선출하고 다른 기금의 분배와 완벽하게 독립적으로 운영된다.

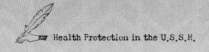
노동 보호

소비에트 노동법

소비에트의 노동 환경은 1917년 11월 혁명 직후 입안되어 발표된 '노동법Labour Code'에 의해 규제되고 있다. 소비에트 노동보장법의 근본적인 특징은 '임금을 받는 노동자라면 예외 없이 모두 적용된다.'는 점에 있다. 이것은 다른 나라의 노동법과 전혀 다르다. 이법은 기업체나 공공 서비스 부분에서 일하고 있는 노동자뿐만 아니라 아르텔artel이라고 불렸던 작은 생산 공장에서 일하는 수공업자와 가정에서 일하는 사람들까지도 대상으로 한다.

노동법으로 1일 8시간 근무가 규정된 것 이외에 소비에트 아래서는 특별 정부 포고령에 의해 7시간 근무가 도입되기도 하였다. 그러나 대다수 작업장에서는 이미 1일 7시간 근무를 보편화한 이후였다.

초과 근무는 높은 수당을 준다는 전제 아래 아주 긴급한 경우에한해서만 예외적으로 인정하고 그 경우도 노동조합의 적법한 허락을 받아야 한다.

노동법에 의해 노동자에게 30분에서 2시간까지 '저녁 휴식'이 의무적으로 주어졌고, 6일 근무당 하루의 휴가가 의무적으로 발생하며, 격주 혹은 매달 한 번씩 유급 휴가가 주어진다.

병가는 위에서 언급한 공휴일 이외에 별도이다. 18세 미만의 청소년에게는 추가 휴가가 주어진다. 노동자가 위와 같이 충분한 정기 휴일을 가질 수 있는 것은 과로로 인한 질병의 발생을 예방한다는 차원에서 중요하다.

여성에 대한 보호

여성 노동에 대한 사항들은 일반 노동법 외에도 이를 보완하는 특별법에 의해 보장된다. 예를 들어 여성들은 지나치게 위험하거나 강도가 센 분야에서는 일하지 못하고 임신한 여성이나 수유 중인 여성들은 야간 시간의 노동이 제한된다. 여성이 다룰 수 있는 중량의 상한선은 노동인민위원회가 공표한 특별법에서 제한하고 있다.

앞서 '모성과 어린이 복지'에 관한 장에서 이미 언급하였듯이 육체노동에 종사하는 여성은 출산 전후 각각 8주간의 휴가가 주어지고, 사무직 여성의 경우 휴가는 출산 전후로 각각 6주가 있다.

육체노동으로 분류되지 않는 몇몇 직종의 경우에도 출산 예정인 여성 노동자들에게 총 16주의 휴가가 보장된다. 여기에 포함되는 직종으로는 스트레스가 큰 직업(속기사, 입력 요원, 의료인)과 서서 오랜 시간 일하는 직업(판매원과 선생)이다. 또한 수유 중인 여성 노동자들은 노동법에 의해 매 3시간 30분마다 휴식 시간이 주어져서 필요한 수유를 적절히 할 수 있다.

미성년자에 대한 보호

소비에트 법은 16세 이하의 청소년이 임금 노동자로서 일하는 것을 금지하고 16세 이상 18세 미만의 젊은 청소년 임금 노동자들은 매일 6시간씩만 근무하도록 정하였다. 18세 이상의 성인과 비교했을 때 미성년자들의 1일 최대 노동시간은 짧지만 전체 노동 시간에 대해 성인과 동일한 수준의 임금을 받을 수 있다. 또한 미성년자는 위험하거나 거친 직종, 야간 노동이나 지하 노동 등에 고용될 수 없다.

미성년자는 매년 한 차례씩 필요한 예방적 의료 조치들을 받기 위해 정기 검진을 받아야 하고 충분한 휴식을 위해 2주간의 휴가가 추가적으로 주어진다.

산업 위험에 대한 예방적 조치들

노동법에 의해 노동자를 고용하고 있는 작업장에서는 위험한 일을 하는 모든 노동자들을 위해 특수 의상을 구비해야 한다. 그밖의 공중 위생적 필요가 있는 모든 직종의 경우(예를 들어, 식당 노동자나 의료진 등) 다양한 직업적 특징에 맞는 특수 노동 복장에 대한 자세한 계획들을 제출해야 한다. 유해 약품 등이 가진 독성의 위험을 부담해야 하는 노동자들에게는 우유가 지급되는데, 이 같은 직종은 노동인민위원회가 발간하는 위험한 직종의 특수 명단에 열거된다.

또한 법에 의해 소위 '예방적 검사'라는 절차가 있다. 신축 건물, 재건축 또는 이전하는 건물 등은 예방적 검사를 통해 예외 없이 모두 안전과 위생에 관련된 기존 법 규정에 만족할 때만 허가된다. 그리고 노동 감독관과 위생 감독관으로 구성된 위원회로부터 사전에 점검이 이루어진다. 노동인민위원회는 노동자의 복지를 보장하기 위한 목적으로 산업적 측면에서 수행되는 모든 일의 위생 조건에 관한 포고령을 발표하기도 한다. 직업적 중독이나 직업병 등에 대한 등록은 의무이다.

직업적 중독이나 특정 질환에 대한 발병률을 높일 것으로 알려진 직종에 종사하는 노동자들은 모두 정기적으로 의무적 신체검사를 받는다.

노동자에 대한 감독과 규제

노동 보호의 실현에서 특별히 더 중요한 것은 바로 법 준수에 대한 사항을 감독하고 조정하는 것이다. 만약 노동 보호에 대한 감독이 공무원에 의해서, 혹은 사측 대표에 의해 행해진다면 아무리 좋은 노동 복지법이라 할지라도 실제로 구현되기는 어렵다. 그러나 소비에트 연합에서의 노동 감독관은 노조를 통해 노동자들이 스스로 선출한다.

복잡한 문제들을 푸는 데 필요한 기술이나 지식적 역량을 갖추기 위해 의사와 기술자들이 위생 감독관 혹은 기술 감독관에 포함된다. 따라시 감독 기구는 노조가 선출한 노동자, 위생 감독관, 그리고 기술 감독관 등으로 구성된다.

노동자들 가운데서 선출된 노동 감독관의 경우는 특수 노동복지 학교에서 감독 작업에 필요한 훈련을 받는다. 감독관에게는 광범위한 권한이 주어진다. 기소할 수 있는 권한뿐만 아니라 처벌과 벌금을 부과하거나, 몇몇 경우에는 공장의 일부나 공장 전체를 폐업시킬 수도 있다. 최종적으로 노동 감독관은 노조의 도움을 받아서 노동자 대상의 교육을 실시하기도 한다. 이런 교육은 시골 마을에서 도시로 올라온 새로운 노동자들에게 큰 도움이 되고 있다.

국가 산업화의 성장이 공장에서 일하는 노동자들의 노동 조건을 크게 개선시켰다는 것을 잊으면 안 될 것이다. 새로운 공장은 물론이고 오래된 공장들은 충분한 양의 공기, 빛, 그리고 적절한 환기 시설을 갖출 수 있도록 재정비되었고 노동자들의 안전을 최대한 담보할 수 있는 장치들이 설치되었다. 이렇게 많은 수의 구식 공장들은 이제 새로운 모습을 띠게 되었다.

노동인민위원회는 1933년에 해체되었다. 대신 노동 보호와 관련하여 위원회가 기존에 가지고 있던 기능과 의무 사항 등, 특히 규제를 만들 수 있는 권한 등이 노동조합 중앙위원회로 이관되었다. 이와 같은 변화는 이제 노동 조건을 개선하는 일이 순수하게 노동자들 스스로의 손에 맡겨져 있음을 보여주는 것이다.

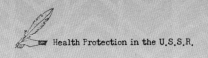

소련에서의
적십자사와 적신월사

소비에트 연합에서 보건과 복지 발전에서 적극적으로 활동하는 두 공공 기관이 있다면 바로 적십자사Red Cross와 적신월사Red Crescent일 것이다. 현재 이 기관들은 붉은 군대의 의학과 위생 관련 각종 기구들을 지원하고 국가 안보를 튼튼히 하는 데 기여하고 있다. 또한 자연 재해 피해 지역 사람들을 위한 지원을 조직하고 소수 민족들에게도 의학적 지원을 제공한다. 적십자사와 적신월사는 특히 모성과 어린이 복지의 분야에 초점을 맞추고 노동과 삶의 조건을 개선하는 대중적 조치들을 통해 각종 공중 보건 기구들을 지원하고 있다.

적십자사의 초기 작업

1867년에 설립된 러시아의 적십자사는 인류애를 지향하는 전형적인 정부 기구였다. 적십자사의 시작은 1918년에 발표된 포고령에 의해 기존 인민위원회가 소비에트 적십자사로 전환된 것에서 찾아볼 수 있다. 이러한 결정은 아래와 같은 내용으로 되어 있다.

"적십자사는 조직 구성, 정부와 공공 조치 참여에 대해 전적으로 자율적이고 독립적이다. 또한 환자, 부상당한 사람, 전쟁 포로 그리고 자연 재해로 인해 고통 받는 사람들을 돕기 위해 정부의 의학적, 위생적 기구들 활동을 지원한다."

적십자사는 이러한 결정에 부합하는 활동을 개발하면서 도움이 필요한 모든 중요 요청에 신속히 대응한다. 내전 기간 중 적십자사는 환자, 부상당한 군인, 전쟁 포로 등을 위한 지원을 조직하는 데 모든 힘을 다했고, 전쟁 후에는 전쟁 포로 송환에 힘을 쏟았다.

1921~2년 기근 시기에 적십자사는 기근으로 심각한 피해를 입은 볼가 지역을 적극적으로 도왔다.[25]

적십자사와 적신월사의 일반 활동

내전의 끝이 보이기 시작하자 적십자사와 적신월사는 인구 집단의 위생 상태 개선, 특히 모자와 어린이 보건 분야에서 위생 교육(330개소), 사회적 질병의 예방과 치료(190개소), 저개발 지역의 소수민족과 청년선도대 캠프에 대한 원조에 집중했다.

강의 범람과 지진과 같은 자연 재해가 발생하면 적십자사와 적신

---

25. 13만 명의 굶주린 사람들에게 매일 음식을 제공했다.

월사는 대규모 자금과 인력을 동원하여 고통 받는 지역의 사람들을 돕고 있다. 1928년에만 약 65개 파병대가 모집되었고 원조를 위해 263,000루블이 쓰였다. 1928~9년의 적십자사와 적신월사의 예산 금액 총합은 백만 루블을 넘어섰다.

전쟁 시 의료팀을 구성하는 것은 적십자사 특히 러시아공화국 적십자사의 가장 중요한 활동 분야였다. 적십자사는 응급 구조 수업을 조직하여 사고나 급작스런 질병, 가스 폭발 등의 상황에서 사용할 수 있는 실용적 지침들을 교육한다.

공화국과 각 지방에서 적십자사와 적신월사는 의료적 특히 예방적 차원에서 위생에 대한 교육을 실시하고 국가 안보를 강화하는 등 광범위한 활동을 펼쳐 나간다.

현재 적십자사와 적신월사 합쳐 100만 명이 넘는 회원들을 확보하고 있다. 소비에트의 적십자사와 적신월사가 아주 넓은 범위에서 프롤레타리아 공공 활동을 기반으로 조직되어 있다는 것은 유사한 유럽 기관들과 구별되는 특징이다.

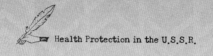
의료 과학과 의료 행위

공중 보건 연구

소비에트 건설의 다른 분야와 마찬가지로 공중 보건 영역은 의료 과학의 지도 아래 이루어진다. 공중 보건 서비스의 그 어떤 분야도 현실 세계에서 구현되기 위해서는 과학 기구들의 도움을 받지 않을 수 없다. 소비에트의 과학은 가장 현실적인 실천과 연결되어 있으며, 사회주의 건설의 모든 필요와 수요에 지속적인 관심을 가진다는 것이 특징이다. 의학 교육 이외 과학 분야의 연구는 특수 과학 연구 기관에 의해 수행된다. 또한 그 외 의학·예방 기관(예를 들어 병원과 요양소 등)의 전체 연결망whole chain을 통해서도 수행된다. 과학 연구 기관은 실질적인 일을 자문하는 것뿐만 아니라 이 일에 대한 방향을 지시하고 조직한다. 예를 들어 '열대질환연구소'는 말라리아 퇴치 캠페인을 지도하고, '수두연구소'는 수두와의 싸움을 지도한다.

공중 보건 서비스 조직과 관련된 문제들은 '사회주의 중앙보건복지연구소the Central Socialist Health Welfare Institute'와 다수의 지역 사무소에서 다룬다. 이 연구소는 소비에트 연합 전체에서 모인 자료들을 기반으로 공중 보건의 문제와 사회적 위생에 대해 연구한다. 그리고 이를 통해 서비스 개선을 위한 실제적 조치를 제안하고 관련 인력에 대한 훈련을 맡는다. 이렇게 훈련된 인력들은 공중 보건부서의 책임자로 보내진다.

감염병 유행과의 투쟁

과학 연구와 관련된 몇 곳의 연구소는 감염병 유행과 싸움에 참여하고 있다. 주요 지역과 그밖의 지역에 위치해 있던 미생물학 연구소 네트워크 전체가 참여한다. 각 지역의 연구소들은 주로 그 지역 특수 질병에 대해 연구한다. 이런 방식으로 중앙아시아와 캅카스 '미생물학연구소'는 열대 질환과 그 질병의 예방 방법에 대한 귀중한 자료 축적과 생산에 기여하고 있다.

다른 종류의 의학 연구소는 순수 과학 문제를 연구 대상으로 삼는다. 여기에는 연구소 중 가장 오래되었던 '레닌그라드 실험의학연구소'도 포함되어 있다. 이 연구소는 1890년에 설립되었지만 사실상 주요 활동은 최근 10년에 이루어졌다.

연구소가 관심을 갖는 연구 분야는 생리학, 생물화학, 일반 미생물학, 의학 미생물학, 병리 해부학, 실험 병리학, 비교 병리학, 감염병, 역학, 실험 약리학, 실험 신경 병리학 등이다. 이 연구소는 파블로프 교수가 세계적으로 유명한 뇌 연구를 했던 곳이다.

생물화학연구소, 생물물리연구소, 실험생물연구소, 의학생물연구소, 실험내분비연구소 등은 소비에트 정부가 세운 순수 과학 연구소이다. 중앙영양연구소는 최근에 설립된 것인데 영양 문제에 관련한 중요한 역할을 담당하고 있다. 연구소의 주요 관심사는 위생 영양 문제에 대한 합리적 해법을 찾는 것으로 특히 식이요법에 많은 관심을 기울이고 있다. 또한 중앙영양연구소 산하에서 운영하고 있는 특수 학교의 훈련 과정을 통해 식이요법 전문가를 양성하고 집단 급식소의 조직을 감독하고 있다.

노동 보장에 관한 연구

전국에 흩어져 있던 몇몇 연구소들은 모스크바 중앙노동보장연구소를 필두로 하여 노동문제에 관한 연구를 진행하고 있다. 중앙노동보장연구소는 다음과 같은 부서로 구성되어 있다.

- 생물과 생리 부서 : 노동 생리 실험실, 노동 생-물리 실험실, 노동 심리 실험실, 직업성 질환 실험실, 통계과
- 산업 기술 부서 : 위생, 물리, 화학 실험실, 작업복과 보호장구 실험실, 노동 안전 실험실, 산업 환기 실험실
- 상담소 : 공장과 노동자 조직에게 노동 보호 문제를 상담
- 교육 영역

이와 같은 연구소는 모두 노동 복지에 지대한 관심을 두고 있다.

그밖에 몇몇 특수 연구소와 특수 클리닉에서 철도, 물 운반과 관련한 분야 직업병과 노동 복지의 문제를 다루고 있다.

'위생문화연구소' 역시 예방적 성격을 갖는 연구소이다. 위생문화연구소는 다음과 같은 부문 즉 사회 위생(각 연령, 유아기, 전학동기, 학동기, 소년기 등에 해당하는 일반적이고 특별한 사회 위생 영역), 출판, 학용품, 도서관과 서점, 무대, 영화관, 라디오 등과 같은 분야를 가지고 있다.

치료와 예방 성격의 연구소로는 모스크바와 그 외 몇 군데 지역의 성병연구소, 결핵연구소, 어린이청년기건강보장연구소, 모성영유아건강보장연구소, 정신심리연구소, 구강의학연구소 등이 있다.

보건 휴양소의 적절한 이용

보건 휴양소와 관련된 문제들은 모스크바와 각 요양소에 있는 몇몇 연구소들의 과학적 지도 아래 연구되고 있다. 모스크바에 있는 중앙보건휴양연구소가 모든 과학적 활동들을 지도한다. 이 연구소는 다음과 같은 하부 부서로 구성되어 있다.

- 생리-의학
- 바이오-임상 등 실험실을 가진 실험 생리학과 생리 생물학
- 수水 생물학 부서
- 보건 휴양소 치료 효과 중앙 집계 부서
- 영양 및 영양 질환과
- 신경과, 정형외과, 부인과
- 의학적 통제와 선택과
- 전기 치료와 수水 치료
- 엑스레이

• 진흙 목욕과 등

보건휴양연구소는 해당 휴양소의 특성에 따라 중점 연구 과제를 설정하는데, 예를 들어 키스로보드스크Kislovodsk는 심장학, 세바스토폴Sevastopol은 물리치료, 얄타Yalta는 기후, 퍄티고르스크Pyatigorsk에서는 온천 요법 등이다. 과학적이고 실제적인 활동 외에 이들 연구소는 의학적 보건 휴양소 전문가들을 훈련하기도 한다.

협력 연구를 위한 과학위원회

여러 과학 연구 기관의 활동들을 조정하기 위해 보건인민위원회는 초기부터 과학위원회를 구성하여 정기적으로 회의를 개최한다. 비슷한 위원회가 지방과 보건 휴양소에도 조직되어 있다.

완벽한 조사는 아니지만 이 간략한 자료는 소련에서 실행되고 있는 의과학의 주요 특징에 대해 이해할 수 있게 해줄 것이다. 위원회의 근본적 역할은 과학적 문제에 대한 이론적 해결책을 강구하는 것으로 공중 보건 서비스의 여러 분야를 조율하는 작업과 별도로 얘기하기 어렵다. 이는 의료 인력에 대한 훈련과도 연계되어 있다.

예전에는 일상 생활에서 과학을 분리하여 소위 '학술적' 과학에 대해 논의하는 것이 일반적이었다. 그러나 오늘날에는 '학술적' 과학이란 더 이상 존재하지 않는다. 학계와 대학에서 그리고 소비에트 연합 전체에서 과학 연구는 결국 일상 생활의 실천과 밀접하게 연관되어 있다. 소련에서 과학은 사회주의 건설을 위한 서비스 제공에 전적으로 공헌하고 이러한 역할에 대해 스스로 자부심을 가진다.

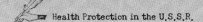

의료인에 대한 훈련

소비에트 보건의료 서비스가 직면하고 있는 중요한 과제 중 하나
는 의료 인력에 대해 양질의 훈련을 제공하고 이들을 새로운 노동
환경에 적응시키는 일이다.

소비에트 연합의 의학 교육

소비에트 이후 의학 교육 기관은 매우 급증하고 있다. 고등 의학
교들[26]은 말할 것도 없고 지방 곳곳에 의학을 가르치지 않는 교육
기관이 없을 정도이다. 많은 의과 대학교들이 소비에트 정부에 의해
새로 설립되어 동시베리아(이르쿠츠크), 극동(하바로브스크), 북코카시아
(크라스노다르), 카자흐스탄(알마아타), 중앙아시아(타쉬켄트, 아쉬하바트),
바쉬키라아 그리고 기타 외지고 낙후된 지역 의사들에 대한 훈련을

---

26. 소련에서 간호사는 고등 의학교secondary medical school를 졸업한다.(역자 주)

제공하고 있다.

1913년 당시 현재 소련 영토 안에는 의료 인력이 약 19,785명 있었으나 현재는 76,300명으로 증가했다. 1913년에는 의과대학의 수가 13개에 불과했으나 오늘날 약 63개가 되었고 자연스럽게 의사의 수도 매년 빠르게 증가하고 있다.

의학 통계에 따르면 1930년 러시아공화국에서만 약 46,127명의 의료인이 있고, 의사가 되기 위해 의과대학을 졸업하는 학생의 수는 1930년 2,588명에서 1931년 5,478명, 그리고 1932년에는 2,265명으로 증가했다.

1933년 1월 1일 기준 소련의 의과대학 학생 수는 46,000명이고 고등 의학교의 학생 수는 59,700명이다.

의과 대학생의 사회적 구성

의과 대학생의 사회적 구성은 매우 흥미롭다. 1931년 통계에 따르면 의과 대학생의 60%가 노동자와 집단 농장에서 일하는 농민의 자녀였다. 소비에트에서 이들의 의과대학 입학과 졸업을 돕기 위한 목적으로 소위 '노동자단Workers' Faculties'[27]이 만들어지기도 했다. 이 조직의 교육 프로그램은 고등학교 프로그램과 유사하다. 1931년 노동자단에 속한 학생 수는 약 10,000명이었는데 불과 일 년이 지난 1932년에는 21,500명으로 증가했다.

소비에트 연합의 모든 의사들은 국가나 공공 기관에 고용되어 있

---

27. 랍팍rabfak이라고 하고 노동자 자녀들의 대학 과정을 돕는 조기 훈련 코스의 네트워크를 말한다.(역자 주)

다. 주된 고용 주체는 다양한 의학적·예방적인 건강보장 기구이다. 일반적으로 소비에트 사회에서 실업이 없는 것처럼 실업 상태에 있는 의사 또한 없다. 반면에 농촌 지역이나 외진 지방에는 의사의 수가 턱없이 부족하다. 건강한 삶에 대한 사람들의 열망은 매우 강했고 급속도로 증가하고 있기 때문에 새로 의사가 된 사람들은 지방의 보건부서에 즉시 채용된다.

민간 의료 기관

민간 의료가 소비에트에서 금지되었던 것은 아니다. 그러나 국가 의료 기관이 광범위하게 발달해 있기 때문에 민간 의료 영역은 축소되고 있다. 유명한 의사나 의과대학 교수가 국가에서 받는 월급 이외의 부수적 수입을 위해 민간 영역에서 활동할 수 있는 곳은 대도시에서나 가능했다.

소비에트의 의학 교육은 임상적 자질이 있고 사회적인 의식이 있는 의사를 길러 내는 것을 목표로 하고 있다. 이론적 훈련은 실습과 밀접하게 관련되고 학생들은 일반적인 클리닉이나 실험실뿐만 아니라 나중에 이들이 일하게 될 마을이나 공장의 병원 등에서도 실습을 병행한다. 숙련된 지도 아래 학생들은 훗날 그들이 독립적으로 행할 의료에 대해 준비할 수 있다. 의과대학 교육은 5년제로 이루어진다.

의과대학 장학 프로그램

의료진을 훈련시키는 데 가장 중요한 문제는 숙련된 전문가들을 구성하는 일이다. '기술 숙련'의 필요성에 대한 스탈린의 구호는 건강보장 영역에서도 전적으로 적용된다. 이에 따라 법에 의한 의무적인 과학 장학 프로그램이 만들어지면서 실제 의료 현장에 있는 의사들은 그들의 임상 능력을 제고할 수 있다.

과학 장학 프로그램에는 여러 가지 형태가 있다. 고도의 숙련된 전문의를 위한 해외 연수부터 소비에트 연합의 과학 연구소 센터에서 일할 수 있는 프로그램까지 다양하게 운영된다. 가장 일반적인 프로그램은 단기 특수 코스이다.

단기 특수 코스에 참여하는 의사들은 원래 직위와 월급은 그대로 유지하면서 코스 참여에 필요한 추가적 비용과 숙소를 제공받는다. 이런 특수 코스는 모스크바, 레닌그라드, 톰스크크, 하르코프, 티프리스, 민스크 등에서 구성·운영되었다. 결핵, 성병, 방사선 등 분야의 전문의들은 해당 분야의 관련 기구로부터 제공되는 프로그램에 참여한다.

소련에서는 매년 몇 십만 명의 임상 의사가 이런 단기 코스의 혜택을 누린다고 하였다. 그리고 이는 곧 의심의 여지 없이 매년 소비에트의 의료 서비스 질이 개선되고 있음을 의미한다.

소비에트 '의학 사전'

1928년부터 출판되기 시작했던 『의학 대백과사전』은 소비에트 의학에서 아주 중요한 위치를 차지하고 있다. 백과사전의 편집자들은 아래와 같이 사전 출판의 목적을 밝히고 있다.

> "『의학 대백과사전』은 의학과 연관 문제에 대한 과학적 참고자료를 제공하기 위한 목적뿐만 아니라 의사들로 하여금 의학 지식을 심화·강화하고 이를 가장 최신의 지식으로 보완하는 데 있다."

따라서 백과사전은 단순한 참고서가 아니라 현직 의사를 위한 과학적 교과서이다. 『의학 대백과사전』은 유물론적 관점에서 대상에 접근했다는 점에서 다른 의학 사전과 다르다. 『의학 대백과사전』은 변증법적 유물론에 근거하여 종합적인 의학적 관점을 만들어 낸 최초의 시도이다.

이런 출판물은 그 필요성이 절실하게 제기되어 온 것이다. 그 동안 소비에트에서는 새로운 형태의 의학이 급속히 발달하면서 의사라는 직군에 대한 요구가 커지고 있다. 또한 숙련된 의사들의 전문성이 급성장하면서 이러한 과학적 교재의 필요성 또한 커지고 있다.

백과사전 독자의 의견에 따르면 『의학 대백과사전』이 건강 문제에 대한 답을 찾기 어려웠던 집단 농장의 의사는 물론 강의 자료를 준비하는 의과대학 교수에게도 유용하다고 한다. 또한 외국의 독자들에게 『의학 대백과사전』은 소비에트 의학의 이론과 실제에 대해서 완전한 그림을 제공하는 것이기도 하다.

1933년까지 『의학 대백과사전』은 총 28권이 출판되었다. 그리고 1934년까지 35권이 모두 완간될 예정이다.

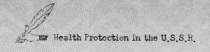
사회 건설
—건강한 노동자를 위한 기초

더 나아진 삶의 기준

지금까지 우리는 인구 집단의 건강을 개선하기 위해 다양한 보건 기구에서 시행하는 정책과 조치들에 대해 이야기했다. 이 모든 정책은 당시 소비에트 인민의 삶과 노동 환경을 개선하고자 했던 소비에트 정부의 전체 사회 체계에 근본을 두고 있다. 이 정책들 중 중요한 의미를 가지는 것은 다음과 같다. 첫 번째이자 가장 중요한 것은 소비에트에서 지속적이고 체계적으로 임금을 인상시킨 것이다.

1933년의 제17차 당 회의에서 1차 5개년 계획의 결과에 대한 스탈린의 연설에서 드러나듯이 노동자의 평균 연봉은 불과 5년(1928~2년) 동안 약 67%나 상승했다. 그리고 1차 5개년 계획이 끝나는 해였던 1932년에 임금 총액이 약 268억 루블까지 증가했다.

여기서 주목해야 할 사실은 단순히 명목 임금만 증가한 것이 아니라 소비에트 연합에서 노동자들이 받고 있던 각종 사회보험인 소위 '사회socialized' 임금도 증가했다는 사실이다. 이런 사회보험은 1차 5개년 계획 기간 동안 12억 6,300만 루블(1928년)에서 41억 2,000만 루블(1932년)로 약 4배 증가했다.

집단 급식소

공공 급식 체계에 대해서도 거대한 진전이 이루어지고 있다. 1차 5개년 계획이 끝날 무렵 임금 노동자의 절반가량이 공공 식당에서 식사를 할 수 있었다. 2차 5개년 계획에서는 1차 5개년 계획의 마지막 연도와 비교해서 재화의 소비를 약 2~3배 증가시키는 데 목적을 두고 있다. 국가계획위원회의 위원장이었던 쿠이비세프Kuivishev는 제17차 당 회의에서 아래와 같이 이야기했다.

> "1937년 인구 1인당 소비량을 통해 우리는 소비에트 연합이, 소비량의 측면에서 세계에서 제일가는 국가라는 것을 확인할 수 있을 것이다. 그리고 이것은 사람들이 사회주의를 건설하기 위한 노동 계급으로서 일할 때 무엇을 얻을 수 있는지 명백하게 보여 주는 것이다."

노동 일수의 제한

산업 현장에서는 1일 7시간 노동이 보편적인 기준이고 주 5일 근무제가 모든 곳에 도입되어 있다. 모든 노동자는 매년 의무적으로 유급 휴가를 누릴 수 있고 어린이 노동은 금지되며 청소년은 제한

적인 시간(1일 6시간)만 일할 수 있다. 그리고 모든 학교의 학생과 청소년은 매년 실시하는 건강 검진을 의무적으로 받아야 한다.

문맹이 사라지고 일반적 교육 수준이 높아지면서 사람들의 문화 수준도 나아지기 시작하는데, 이런 모든 변화들이 소비에트 사람들이 건강해질 수 있게 하는 자극제가 되고 있다. 그리고 이러한 성과들은 공중 보건 서비스의 예방적 활동의 기초를 제공하고 있다.

시골 지역의 발전

국영 농장과 집단 농업이 성공적으로 운영되면서 새로운 시골 지역 건강보장 조직의 가능성을 모색하고 있다. 실제 국영 농장은 농사짓는 작물과 키우는 가축을 불문하고 규모가 매우 크다. 계절마다 단기로 일하는 노동자 외에 상시적 노동자만도 수천 명을 고용하고 있었기에 건강보장이 조직될 수 있는 확고한 핵심 세력일 수 있다.

농업의 집단화는 경제적 중심지로 농민들을 끌어 모음으로써 불가피하게 집단적 생활 방식을 가져왔다. 집단적 생활 방식이란 공공 식당, 탁아소, 유치원, 학교, 병원 등이 조직되는 것을 의미한다. 엥겔스가 '한 자루 속 감자'와 같다고 이야기했듯이 따로 떨어져서 살아가는 파편화된 개인들보다 집단 농장에서 함께 살아가는 사람들에게 의료 서비스를 제공하는 것이 당연히 더 쉽다. 또한 집단화는 시골에서 가난하게 살아가던 사람들의 물질적 복지를 개선시키고, 이는 곧 시골 사람들의 문화적이고 건강한 삶에 대한 욕구가 증가되는 것으로 이어진다. 이것이 소비에트의 산업화와 농업의 집단화가 전체 사회의 교육과 보건 복지의 발전을 가져온 가장 강력한 자극을 제공하고 있다.

건강보장에 대한 1차 5개년 계획의 결과와 2차 5개년 계획의 전망

1차 5개년 계획 기간 중 공중 보건 복지가 폭넓게 발전하게 된 것은 노동자의 문화적, 경제적 삶의 개선이 이루어졌다는 또 다른 징표이다. 앞에서 살펴보았듯이 이러한 변화는 1차 5개년 계획 기간 중에 이루어졌던 전체적인 산업과 농업의 발전 덕분이다. 사회주의 건설을 위한 전체 기간에 걸쳐 보건 복지 분야에 대한 당의 적절한 지도는 즉각적인 효과를 가져왔다.

이 4년 동안 건강보장을 목적으로 하는 예산의 증가는 매우 컸다. 1913년 차르 치하의 러시아에서는 국비와 자선 기금, 젬스토브 zemstove, 지방자치 단체 등에서 할당하고 있는 공중 보건 예산 총액이 1억 2,800만 루블로 당시 인구 1인당 1루블에 해당하는 것이었다. 소비에트가 집권했던 1928년에는 공중 보건 예산이 약 7억 300만 루블(1인당 4.5루블)로 증가했고, 이는 1차 5개년 계획이 끝나는 해에 20억 루블(1인당 13루블)까지 증가하고 있다.

차르 치하 1913년에는 병상 수가 175,634개에 불과했으나 이는

1932년 800,000개까지 증가했다. 이런 측면에서 소비에트의 병원 체계는 유럽에서 최고이다. 물론 소비에트 전체 인구 수가 1억 6500만 명이라는 것을 고려했을 때 병상 수는 부족해 보이기도 하지만, 이는 2차 5개년 계획 동안 상당 부분 개선될 것이고 실제 의료비가 무료라는 사실까지 고려한다면 소비에트 의료 체계의 단점일 수 없다. 게다가 소비에트의 병원은 각종 진료소와 예방 클리닉에 의해 보완되고 있다. 1913년 외래 환자가 3,300만 명에 불과했던 것에 반해 1931년에는 진료소와 다양한 클리닉의 외래 환자 수가 3억 9,300만 명에 이르렀다. 시골에서의 의료 서비스도 현저히 발전하고 있다. 시골 지역의 병상 수는 1928년 43,590개에 불과했으나 1932년에는 그 수가 82,000개로 증가했다. 그리고 차르 치하에는 2,000명에 불과했던 의사 수가 1차 5개년 계획이 종료되는 시점에는 15,000명까지 증가했다.

농번기인 봄과 여름에는 도시의 의사들이 시골로 보내진다. 1932년 약 10,000명의 의사가 시골 지역으로 파견됐다. 이런 작업은 도시의 의료와 예방적 기관들이 특정 시골 지역에 있는 농장 또는 마을의 '후원자patron'가 되는 방식이었던 '후원' 제도 아래 이루어졌다. 후원 기관에서는 시골로 파견될 의료 인력을 자원 방식으로 뽑는데, 이렇게 선발된 인력들은 파견되어 일하는 것을 책임이자 의무로 여긴다. 레닌도 중요하게 여겼던 이런 '후원 제도'는 마을과 도시를 잇는 데 적지 않은 기여를 하고 있다. 특히 도시처럼 시골 마을의 위생 수준을 높이는 데 큰 역할을 하고 있다.

1932년 당시 사회보험 기금의 지원을 받아서 70만 명의 사람들이 요양소와 보건 휴양소에서 치료를 받았고 1,173,000명이 휴양소에서 요양했다. 이 수치는 1932년 다시 수십만 명의 노동자를 수용했던 국가 기관이나 기업, 노조, 공공 기관 등에서 조직한 휴양소에서 요양하는 사람들의 숫자는 포함하지 않은 것이다.

새로운 의료와 보건 관련 기관을 세우는 데 1929년에 1억 4,000만 루블이 사용되었다면 1932년에는 3억 2,900만 루블이 지출되었다. 1차 5개년 계획 동안 투자된 총 금액은 9억 6,900만 루블이었다. 아래 나오는 표를 통해 공중 보건 조직의 발전을 살펴볼 수 있다.

	1913년	수십 명
위생 감독 의사 (단위 : 명)	1928년	2,111
	1932년	5,638
학교 의사 (단위 : 명)	1928년	2,378
	1932년	4,527
세균학 연구실 (단위 : 개)	1928년	367
	1932년	1,080
공장 의무실 (응급과 임상)	1929년	2,216
	1932년	5,506
도시 탁아소의 수용 능력 (단위 : 개)	1928년	43,600
	1932년	286,400
시골 탁아소의 상시 수용 능력 (단위 : 개)	1928년	4,700
	1932년	435,500
농번기 시골 탁아소 수용 능력 (농번기나 추수기 등 임시)	1928년	156,300
	1932년	452,900

앞서 언급된 모든 기관들과 더불어 소위 '가정' 의료 서비스home medical service라고 불리는 서비스가 같은 시기에 발전하였다. 여기에는 가정을 방문하여 의료 서비스를 제공해 주는 의사들이 존재한다. 예를 들어 만약 환자가 만성 질환과 같이 굳이 입원 치료를 요하지는 않지만 주기적으로 병원까지 방문할 수 없는 경우, 의사가 주기

저으로 헤당 환자를 방문한다. 차르 치하 러시아에서는 방문 진료가 세인트 페테르부르크와 오뎃사에서 극소수로 행해졌던 '가난한 이를 위한 의사'를 제외하고 사실상 없었다. 이렇게 방문 진료를 하는 의사는 1928년 1,330명에서 1932년 3,528명까지 증가했다.

이 같은 의료 네트워크의 발전, 의료 공급의 체계 개선, 문화와 물질적 복지 수준에 대한 욕구, 그리고 매년 발전되는 국가 경제 덕분에 질병의 발병률은 현저하게 낮아졌다. 1차 5개년 계획 기간 동안 주요 산업에서 직업병은 노동자 1000명당 10.9건에서 2.9건으로 낮아졌다. 채석장과 광산 등에서는 외상이 43.6%나 감소했다. 전체적으로 질병은 16%, 그리고 어린이의 질환도 22%가량 감소했다.

아래 표는 혁명 전후 소비에트의 자연 인구 증가를 보여준다.

	1,000명당 평균 출산율	1,000명당 평균 사망률	1,000명당 평균 자연 증가	1세 이하 영아 사망률
1911~3년	45.5	28.5	16.9	266
1922~6년	43.6	21.4	21.9	178
1924~9년	41.8	19.8	22.0	177

혁명 이후 사망률이 해마다 감소하고 있고 소비에트의 인구는 매년 3백만 명 이상씩 증가하고 있다.

2차 5개년 계획은 이전 시기보다 공공의 보건 복지에 대한 발전을 좀 더 확대하는 것은 물론 양적이고 질적인 변화까지 고려하는 방향으로 구상하고 있다. 건강보장을 위한 기관 네트워크가 공장의 응급 진료소, 병원의 입원과 외래 환자 치료에서 요양소, 보건 휴양소까지 제공된다. 실제로 이러한 구성이 완결되어 가고 있다. 질적 측면에서 위에서 언급한 네트워크는 상당한 발전이 이루어지고 있다.

실제 치료적 성격을 가지는 기관들은 아래 세 유형으로 구분된다. 첫째는 집중적이고 높은 수준의 의료적 처치가 필요한 환자를 위한 병원, 둘째는 만성 질환이나 요양 등 좀 더 쉬운 질환을 위한 병원, 그리고 세 번째는 주·야간 요양소와 같이 개방 형태를 갖는 기관이다. 모든 보건 기관은 일반적인 건강보장 체계와 아주 밀접하게 연결되어 하나의 유기체와 같은 구조를 만들어 내고 있다.

하지만 노동자들 스스로의 활동이 좀 더 활발히 이루어지도록 하여야 하고, 보건 교육 역시 좀 더 높은 수준으로 구성될 필요가 있다. 감염병을 근절하고 사고를 줄이는 것은 모든 보건 의료 관련 기관에서 추구해야 하는 목표로 간주되고 있다.

2차 5개년 계획은 집단 농장과 국영 농장을 포함하는 농촌 지역의 건강보장 체계 발전에 특별한 관심을 두고 있다. 이미 우리는 앞서 농촌의 집단과 국영 농장에서 도시와 농촌 사이 격차를 어떻게 줄여 나갔는지 언급한 바 있다. 2차 5개년 계획의 전략은 건강보장의 분야에서 그 과정의 속도를 높이는 데 있다.

2차 5개년 계획은 보건의료 서비스의 기술적 재구성에 상당한 관심을 기울이고 있다. 소비에트의 전력화electrification, 전체 국가 경제의 기술적 재구성은 보건의료 서비스의 기술적 재구성에 큰 전망을 열어 주고 있다.

소비에트에서는 의료 광고가 금지되어 있기 때문에 보건의료 서비스와 의료적 치료의 효율성은 의심의 여지 없이 대폭 증가할 것이다. 이와 함께 소비에트 연합에서 사회주의 건설의 성공은 건강한 노동자 집단을 위한 투쟁의 승리를 보장해 줄 것이다.